1001 maneiras de tomar a iniciativa no trabalho

BOB NELSON

1001 maneiras de tomar a iniciativa no trabalho

SEXTANTE

Título original: *1001 Ways to Take Initiative at Work*

tradução
Claudia Gerpe Duarte

preparo de originais
Valéria Inez Prest

revisão
Luís Américo Costa, Masé Sant'Anna e Tereza da Rocha

projeto gráfico e diagramação
DTPhoenix Editorial

capa e ilustração de capa
Miriam Lerner

pré-impressão
ô de casa

impressão e acabamento
Lis Gráfica e Editora Ltda.

CIP-BRASIL. CATALOGAÇÃO-NA-FONTE
SINDICATO NACIONAL DOS EDITORES DE LIVROS, RJ

N349m Nelson, Bob, 1956-
1001 maneiras de tomar a iniciativa no trabalho / Bob Nelson [tradução de Claudia Gerpe Duarte]. – Rio de Janeiro: Sextante, 2008.

Tradução de: 1001 ways to take initiative at work
ISBN 978-85-7542-364-6

1. Liderança. 2. Motivação no trabalho. 3. Eficiência industrial. I. Título.

08-0144 CDD: 658.314
CDU: 658.310.13

Rua Voluntários da Pátria, 45 – Gr. 1.404 – Botafogo
22270-000 – Rio de Janeiro – RJ
Tel.: (21) 2286-9944 – Fax: (21) 2286-9244
E-mail: atendimento@esextante.com.br
www.sextante.com.br

Sumário

Prefácio de Dean Spitzer 7
Apresentação 9

Parte 1: Você e o seu trabalho *13*
Pense de uma forma não convencional *15*
Faça o dever de casa *26*
Entre em ação – Tire proveito das oportunidades *34*
Melhore as coisas *50*
Perseverança e persistência *60*

Parte 2: Você e os outros *69*
A liderança e a influência *71*
Comunicação e interação *85*
Como vender a sua imagem aos seus superiores *97*
O trabalho em equipe *108*
Além do esperado *116*

Parte 3: Sua carreira e sua vida *131*
Assumindo o controle da sua carreira *132*
A educação e o aprendizado *157*
Como desenvolver habilidades no trabalho *167*
Superando obstáculos *173*
As opções da carreira *182*

Prefácio

O maior elogio que um autor pode fazer a outro é: "Gostaria de ter escrito o que você escreveu!" E foi exatamente o cumprimento que fiz a Bob Nelson quando li este livro. Nas minhas pesquisas, entrevistei milhares de gerentes sobre o tema da motivação profissional. Quando perguntei qual o maior desejo deles em relação aos seus colaboradores, todos deram a mesma resposta: "Gostaria que eles tomassem mais a iniciativa." Da mesma forma, quando indaguei aos gerentes da área de recursos humanos o que eles achavam que fazia um profissional se destacar, a maioria disse que era a iniciativa. E, para os milhares de profissionais que ouvi no decorrer dos anos, nada era mais importante ou estimulante do que tomar a iniciativa e depois ser reconhecido por essa atitude.

Em *Supermotivação*, falo a respeito da "maior crise de energia no mundo". Trata-se da enorme quantidade de energia existente em cada ser humano que acaba sendo desperdiçada por não ser usada. Uma vez perdida, essa energia desaparece para sempre. A principal razão dessa "crise de energia" não é apenas a falta de iniciativa por parte dos colaboradores, mas também o fato de que existem gerentes que desestimulam, reprimem e até punem os funcionários que tomam iniciativas.

Estou convencido de que as empresas mais bem-sucedidas são aquelas que encorajam vigorosamente os colaboradores a tomar a iniciativa – e as que têm menos sucesso são as que reprimem esse tipo de comportamento. Qualquer pessoa pode realizar o mínimo que lhe é exigido no trabalho, mas as atitudes de que todas as companhias precisam para prosperar dependem da iniciativa dos seus funcionários. A criatividade requer iniciativa. O serviço diferenciado ao cliente depende de iniciativa. A alta qualidade também. Na verdade, praticamente todas as empresas começaram porque uma ou mais pessoas tomaram a iniciativa de criar um produto, satisfazer uma necessidade, atender um cliente, e os empreendimentos só continuam a progredir enquanto a iniciativa continua a existir.

Mesmo assim, já ouvi quase todos os motivos possíveis para os colaboradores não tomarem a iniciativa: "Não é minha função", "Ninguém me pediu para fazer isso", "Não quero causar problemas", e assim por diante. Contudo, não existe desculpa para a falta de iniciativa. Bob Nelson diz: "Simplesmente vá em frente!" E ele também fornece as ferramentas necessárias para isso. Este livro está repleto de idéias, exemplos e recursos que eliminarão o risco de tomar a iniciativa e, ao mesmo tempo, favorecerão a pessoa e a empresa.

Para finalizar: os livros de Bob Nelson não se destinam apenas a ser lidos, mas também a ser usados. Na próxima vez em que você estiver no trabalho e vir alguma coisa que precise ser corrigida, um cliente que necessite da sua ajuda ou um colega que dependa do seu apoio, tome a iniciativa de melhorar a situação, faça algo acontecer. Garanto que você e a sua empresa lucrarão com isso.

Dr. Dean Spitzer
Consultor, IBM
Autor de *Supermotivação*

Apresentação

O maior erro que você pode cometer na vida é achar que trabalha para outra pessoa. É verdade que você pode ter um supervisor e receber todo mês um contracheque da empresa, mas, em última análise, é você que controla o seu destino. Você decide o patamar que vai atingir na carreira e o que vai realizar na vida.

Independentemente das circunstâncias que o cercam, você efetivamente é capaz de fazer a diferença. Esse fato é particularmente verdadeiro no que diz respeito ao seu local de trabalho. Você tem diariamente a chance de mostrar seus talentos, de se destacar e de ser excepcional. Você pode fazer uma sugestão para aperfeiçoar um produto ou serviço e também prestar um atendimento melhor aos clientes. Você pode descobrir uma oportunidade de economizar ou perseguir uma nova idéia. Você pode ajudar um colega a realizar melhor as tarefas dele ou aprender uma nova habilidade que possa lhe ser útil pelo resto da vida.

Tudo se resume à iniciativa, ou seja, tomar uma atitude para que algo seja feito sem esperar que o seu gerente ou supervisor lhe diga o que fazer e de que maneira.

Este livro se destina a inspirar e conduzir você na sua jornada. Nele há muitos exemplos da vida real que podem estimulá-lo a assumir o controle da situação, bem como ferramentas práticas e conselhos para que você se aprimore e melhore seu ambiente de trabalho.

Neste segundo volume da série "1001 maneiras", que inclui *1001 maneiras de premiar seus colaboradores*, quero destacar a idéia de que todos os colaboradores, e não apenas os gerentes, são elementos decisivos para realizar uma melhora duradoura e positiva no trabalho. Como neste livro há um grande número de exemplos, você pode identificar as coisas que precisam ser feitas e tomar providências nesse sentido. Na maioria dos casos, essa atitude não somente fará com que o seu gerente fique satisfeito com o fato de você ter tomado a iniciativa sem ser solicitado como também agradará aos clientes.

Desejo que você tenha muito êxito e consiga se aperfeiçoar e melhorar o seu ambiente de trabalho. O poder de fazer a diferença reside dentro de cada pessoa. Aproveite, portanto, a oportunidade!

Bob Nelson
San Diego, Califórnia

Tomando a iniciativa

Todo gerente precisa que cada colaborador
participe e se manifeste;
assim, todo profissional tem que ser respeitado, valorizado
e merecer confiança para que desempenhe um papel
no quadro maior da empresa.
Ninguém tem todas as respostas
e nenhum gerente conhece nenhuma função
tão bem quanto a pessoa que a exerce nem
deveria tentar conhecer.
Assuma, portanto, o compromisso,
aqui e agora,
de que você nunca deixará escapar a oportunidade
de realizar uma melhora,
de economizar algum dinheiro
ou de atender melhor um cliente
sem se manifestar ou fazer uma sugestão.
Independentemente do resultado,
esse é o seu dever,
não somente em benefício da empresa
mas para o seu próprio bem.
Tenha grandes sonhos
e mostre-se à altura de um padrão elevado.
Nunca tenha medo de dizer o que se passa na sua cabeça,
se você realmente achar que isso tornará as coisas melhores.
Você tem a chave do seu futuro.
Faça dele o que *você* quer que ele seja,
e não o que outra pessoa decidir para você.

B. N.

Parte 1

VOCÊ E O SEU TRABALHO

Os profissionais que se decidem a alcançar algo mais do que a posição em que se encontram são a força vital de toda empresa de sucesso. Tomar a iniciativa é um elemento fundamental para melhorar o ambiente de trabalho, lidar com a mudança e fornecer aos clientes um serviço que esteja além de suas expectativas.

A iniciativa é pessoal: é o indivíduo que controla quando, onde e quanto de iniciativa deve tomar. Embora o seu impacto possa ser sentido em toda a organização, a iniciativa começa com o funcionário e o que ele pode fazer diariamente.

Em uma pesquisa de opinião realizada on-line pelo site iVillage.com, foi perguntado aos colaboradores: "Qual a coisa mais importante para progredir no local de trabalho?" Das 7.760 pessoas que votaram, 55% disseram que o mais importante era a "iniciativa", seguida por "inspiração" (17%), "inteligência" (16%) e "sagacidade política" (12%).

Embora as pessoas freqüentemente reconheçam a importância de tomar a iniciativa, elas podem hesitar em adotar essa atitude. A parte 1 deste livro oferece inspiração e idéias para que você tome a iniciativa no trabalho e supere obstáculos – tanto os reais quanto aqueles que assim lhe parecem – que possam estar limitando seu desempenho.

Os capítulos seguintes apresentam uma perspectiva detalhada de como você pode tomar a iniciativa e, ao mesmo tempo, fazer a diferença na sua empresa. Seja recorrendo à criatividade, seja tomando as medidas necessárias com relação a um problema persistente, seja aproveitando as oportunidades à medida que surgirem, seja imaginando maneiras de melhorar o seu atual ambiente de trabalho, a ação de tomar a iniciativa sem dúvida lhe proporcionará nova energia, além de tornar a sua atividade muito melhor e sua empresa mais eficiente e eficaz. Ao tomar a iniciativa, todos os colaboradores podem se destacar em uma organização e ampliar suas chances de reconhecimento, aprendizado, crescimento, aumento de salário, gratificações e promoções como decorrência de um bom desempenho.

Concentrando-se no que você *pode* fazer – em vez de no que *não pode* –, e enfatizando as possibilidades na sua esfera de influência particular, você aumentará suas chances de exercer um impacto maior no trabalho e também de desenvolver suas habilidades de uma forma local antes de aplicá-las em uma área mais ampla e promover mudanças mais duradouras no seu departamento, divisão ou empresa.

Pense de uma forma não convencional

A inovação é a centelha que faz com que as empresas continuem a avançar e progredir. Nós inovamos, basicamente, por seis motivos: aperfeiçoar produtos e serviços, descobrir uma nova maneira de fazer alguma coisa, tornar uma tarefa mais fácil ou mais rápida, economizar, melhorar o nosso trabalho e aumentar a possibilidade de sermos promovidos. Sem inovação, novos produtos, serviços e formas de fazer negócio nunca surgiriam, e a maioria das empresas se restringiria a realizar as coisas sempre do mesmo jeito. Já foi dito que 98% dos problemas de uma companhia podem ser resolvidos de um modo rotineiro. No entanto, para solucionar os 2% restantes dos problemas, por coincidência aqueles que produzem mais impacto, é necessário que haja inovação por parte dos funcionários.

Embora a inovação proporcione inegáveis benefícios às empresas, parece que os obstáculos ao pensamento criativo são

Exercite o pensamento criativo

- Procure novas combinações.
- Pergunte "e se...?" ou crie situações "e se...".
- Pense em conceitos e métodos que nunca lhe tenham ocorrido.
- Discuta o assunto com outras pessoas.
- Seja um campeão de idéias novas; os antigos caminhos nem sempre são os melhores.

abundantes. Segundo um estudo da Universidade da Califórnia (UCLA), aos cinco anos de idade nós nos envolvemos em tarefas criativas 98 vezes por dia, rimos 113 vezes e fazemos perguntas 65 vezes. No entanto, aos 44 anos, os números encolhem para duas tarefas criativas por dia, 11 risadas e seis perguntas. Além disso, a pesquisa encontrou uma reação negativa de 91% entre os adultos expostos a novas idéias. A criatividade e a inovação florescem nos ambientes que as estimulam a aumentar e se desenvolver, mas basta um franzir da testa ou uma palavra negativa para reprimi-las totalmente.

Cheryl O'Connell, uma das mais antigas compradoras de uma empresa de produtos de eletricidade em Watertown, Massachusetts, notou que uma das práticas da empresa afetava diretamente a sua função. Ela ficou preocupada com o fato de a companhia estar armazenando uma grande quantidade de rótulos baratos em um sistema de estoque muito caro. Era difícil encontrar os rótulos debaixo de parafusos, molas e máquinas de selar, e muitos já não colavam mais. O'Connell tinha, então, que encomendar mais adesivos para substituir os que haviam se deteriorado. Depois de encontrar uma mesa de datilografia e uma placa quadrada de cortiça, ela e um colega projetaram uma armação especial para os rótulos. Tratava-se basicamente de uma placa com pinos sobre rodas, com rolos de rótulos pendurados nos pinos. "Muitas pessoas riram de nós. Elas olhavam e perguntavam: 'Não é uma estante nem é uma prateleira; o que é, afinal?' Agora ninguém zomba mais de nós, especialmente aqueles que se lembram de como era passar meia hora procurando rótulos. Não trabalho com rótulos, mas, quando tenho idéias, gosto de colocá-las em prática. Hoje sempre me pego perguntando a todo mundo: 'Por que você está fazendo as coisas assim?'", diz O'Connell.

"Pensar em si mesmo como se fosse seu próprio empregador é uma atitude que diz: 'Sou sócio deste negócio. Tenho integridade e a responsabilidade de trabalhar com a empresa e o cliente, bem como de cuidar do meu desenvolvimento pessoal e profissional.'"

CLIFF HAKIM, Autor de *We Are All Self-Employed* (Somos nosso próprio empregador)

Anos atrás, Spence Silver, químico da 3M em St. Paul, Minnesota, inventou um estranho adesivo. Em vez de aderir fortemente às superfícies sobre as quais era colocado, o produto mal grudava. Depois que Silver fez essa descoberta, ele e outras pessoas da empresa tentaram de muitas maneiras encontrar uma aplicação para o adesivo, mas não tiveram êxito. Nesse meio-tempo, um dos colegas de Silver, o engenheiro Art Fry, ficava constantemente aborrecido com o problema dos marcadores de livro que caíam do seu hinário enquanto ele regia um coro de igreja. Certo dia, quando Fry se abaixou mais uma vez para pegar do chão os marcadores de livro, ele pensou na invenção de Silver. Ao colocar um pouco daquele adesivo fraco no verso de um pedaço de papel, Fry criou um novo tipo de papeleta, que podia ser colada em um objeto, mas que era facilmente removível – não se rasgava nem danificava o objeto no qual estava grudada. O produto foi inicialmente distribuído para os assistentes administrativos da 3M. Quando os blocos de notas acabaram e eles quiseram fazer um novo pedido, a empresa teve certeza de que tinha um novo produto nas mãos. Hoje em dia, as papeletas adesivas Post-it® representam um negócio de 300 milhões de dólares.

Nunca se sabe quando ou onde vai surgir uma grande idéia para um novo programa ou produto nem qual o efeito final que ele terá em uma empresa. Por exemplo, em Santa

Mônica, Califórnia, a gerente setorial da Starbucks, Dina Campion, lançou a idéia de uma nova bebida gelada de café por considerar que seus clientes iam adorar, especialmente nos dias quentes de verão. Campion e alguns gerentes fizeram experiências com várias formulações até chegarem à conclusão de que o produto estava perfeito. A mistura final, batizada de Frappuccino, tornou-se inicialmente uma campeã de vendas local, e depois deslanchou em todo o país, gerando um lucro de 100 milhões de dólares para a empresa. O interessante é que Howard Schultz, presidente da Starbucks, não gostou do produto: achou a bebida "elaborada demais". Schultz diz que ter sido contra a idéia do Frappuccino foi o maior erro que já cometeu, e brinca afirmando que agora trabalha para a mulher que o inventou.

No mercado altamente competitivo de fast-food, um pouco de iniciativa criativa pode ajudar muito a promover a venda de um produto. Danny Wagner, gerente de uma loja da Kentucky Fried Chicken em Boulder, Colorado, criou um prato de 13,99 dólares para ser consumindo no próprio estabelecimento. O que tornava esse prato particularmente especial, além do fato de ele ser composto apenas de pedaços de carne de frango escura, era que toda pessoa que o adquiria também tinha a chance de ganhar dois ingressos para um jogo de futebol. Além disso, ao divulgar na loja durante uma semana um serviço de limusine da vizinhança, Wagner poderia oferecer a um feliz sorteado um sofisticado transporte de ida e volta para o jogo.

Depois de administrarem durante sete anos a Tom & Sally's Handmade Chocolates, um sofisticado negócio de choco-

ADOTANDO UMA PERSPECTIVA MAIS AMPLA

Para ser capaz de tomar a iniciativa no trabalho, primeiro é necessário perceber de que maneira você e a sua posição se relacionam com o projeto mais amplo do que é realizado na empresa. Na maioria das funções, esse papel não está explícito, de modo que é preciso investigar como você se encaixa no funcionamento global da companhia. Faça as seguintes perguntas a si mesmo:

Por que minha função foi criada? A maior parte das funções é criada para fazer frente a uma necessidade premente: um serviço melhor ou mais rápido, custos mais baixos, menos problemas, melhores oportunidades. Uma vez que compreenda as necessidades primordiais da sua posição, você estará mais capacitado a se concentrar sistematicamente nessas necessidades e ultrapassá-las.

De que maneira a minha função está relacionada com outras pessoas na empresa? Com quem você interage todos os dias? Quem você apóia e quem são as pessoas que lhe dão apoio? Como você pode tornar mais fácil o trabalho do seu gerente? Perguntas como essas podem ajudá-lo a perceber de que maneira você contribui na sua posição e como pode ampliar essa colaboração.

Que oportunidades de contribuir para a empresa a minha função oferece? Todo cargo encerra oportunidades únicas para o profissional que procura por elas. Pense nos problemas do seu departamento. Que papel você desempenha no processo? Que áreas operacionais você observa? Saber de que maneira você contribui para a sua empresa lhe dá a vantagem de poder ajudar ainda mais.

De que maneira a minha função está relacionada com os objetivos da companhia? Ao definir a sua posição de acordo com as metas e os objetivos da empresa, você pode aumentar a importância que tem para ela. Qual o impacto que a sua função exerce na missão da sua organização? De que maneira o cliente é beneficiado pelo trabalho que você faz? Como a companhia lucra ou deixa de lucrar por causa de seu desempenho? Ao ver o seu papel em uma perspectiva mais ampla, você se torna mais capaz de tomar a iniciativa e fazer as coisas que sejam mais úteis.

late em Brattleboro, Vermont, Tom e Sally Fegley foram convencidos por um cliente e amigo chegado a criar um novo produto, o Chocolate Body Paint – uma calda viscosa de chocolate que pode ser passada no corpo. Embora tenham resistido inicialmente à idéia de ter a calda em estoque na sua sóbria loja por a considera-

Como usar a criatividade no trabalho

Kimberly Smithson, gerente de marketing da Motivation Online em Hoffman Estates, Illinois, oferece as seguintes dicas:

- ***Brainstorming*.** O objetivo do *brainstorming* é desenvolver o maior número possível de idéias – não se trata, portanto, de criticá-las, analisá-las, discuti-las nem tomar decisões importantes. Crie um quadro e relacione a maior quantidade possível de idéias a respeito de um assunto. Algumas delas poderão ser ridículas, mas tudo entra na lista. O princípio psicológico por trás do *brainstorming* é iniciar o processo. Qualquer idéia, por mais tola que pareça, pode dar origem a uma solução viável.
- **Faça uma seleção.** Quase todas as pessoas acham que, para serem criativas, elas precisam inventar algo novo. É possível ser criativo por meio da eliminação. Livrando-se do que é supérfluo, você pode melhorar os procedimentos e a maneira de fazer as coisas.
- **Modifique o que existe.** Ao modificar o que você já tem, é possível descobrir algo novo, diferente ou melhor. Você pode ter também muitas idéias observando o que existe ao seu redor. Adaptando o que encontrar em um contexto da sua vida, você talvez seja capaz de resolver um problema que está enfrentando em outra situação.
- **O pensamento lateral.** Quando você se depara com um problema, a sua reação quase sempre é lidar com ele de uma forma lógica, o que é muito bom. No entanto, a lógica pode não ser a única abordagem existente. Com freqüência, a resposta a um problema não está diretamente diante de nós e pode ser encontrada se o examinarmos sob um ângulo diferente.

rem excessivamente sugestiva, o amigo não desistiu, e nasceu o Chocolate Body Paint. Hoje, o produto é o campeão de vendas de Tom e Sally – já recebeu prêmios e obteve destaque em várias publicações, como o *Wall Street Journal* e a revista *Playboy*.

Certa vez, o escritório de um fabricante de sorvetes em Austin, Texas, ficou sem formulários para propostas de emprego, mas um colaborador esperto rapidamente descobriu uma maneira interessante de reestruturar o processo de seleção. Quando os formulários acabaram, ele entregou a cada candidato restante um saco vazio e lhes disse que fizessem algo criativo com o saco. Como a empresa procura contratar pessoas capazes

"Ter iniciativa é assumir a liderança e não desistir, não importa o que os outros façam. O poema que adotei e ensinei aos meus filhos diz tudo:

SIGA EM FRENTE: Nada no mundo é capaz de substituir a persistência.

O TALENTO NÃO O FARÁ: Nada é mais comum do que homens com talento que fracassam.

O GÊNIO NÃO O FARÁ: O gênio não reconhecido é quase um provérbio.

A INSTRUÇÃO NÃO O FARÁ: O mundo está repleto de vagabundos instruídos. Somente a persistência e a determinação são onipotentes.

Embora eu não seja uma pessoa altamente inteligente, sempre demonstrei iniciativa e persistência em todos os empregos que tive. Foram essas qualidades que proporcionaram grandes recompensas e promoções para mim e para meus filhos quando eles ingressaram no mercado de trabalho."

CJ, da Internet

de divertir os clientes, esse *brainstorm* lhes permitiu demonstrar na hora a sua habilidade. Uma candidata particularmente engenhosa transformou o saco em uma bola de gás e fez com que ela flutuasse até o setor de entrevistas. (Ela conseguiu o emprego!) Os sacos logo se tornaram um procedimento-padrão na condução das entrevistas.

Na segunda maior agência de viagens da Grã-Bretanha, a Going Places, os funcionários tiveram a idéia de reunir arquivos com informações especiais para que eles e seus colegas se familiarizassem rapidamente com determinados destinos turísticos. Os textos incluem comentários pessoais sobre a geografia e a cultura locais, escritos pelos próprios colaboradores. Dessa maneira, a equipe passa a conhecer melhor os destinos que está vendendo e os clientes são beneficiados.

Ken Tombs, consultor independente da Caterham em Surrey, no Reino Unido, decidiu adotar as seguintes regras, por ele instituídas, para ser criativo no trabalho:

- Manter a mente aberta.
- Aprender sempre com os erros cometidos.
- Ser curioso (talvez de uma maneira quase infantil).
- Perguntar por que o tempo todo, mesmo que isso possa fazer você parecer bobo.
- Não se submeter de bom grado a um trabalho inferior apenas porque ele existe.
- Ler nas entrelinhas.
- Mostrar-se céptico diante de tudo o que "pareça estar na moda ou usar um jargão específico" e não se basear em uma realidade a longo prazo.

DESPERTANDO O ESPÍRITO INOVADOR E A CRIATIVIDADE DOS COLABORADORES

Pense em como seria magnífico se todos os funcionários tivessem a oportunidade de contribuir para a empresa, sugerindo idéias e sendo reconhecidos por isso. Por sorte, as companhias esperam cada vez mais que todos os colaboradores, e não apenas os gerentes, descubram métodos novos e criativos de fazer negócio. De acordo com Grace McGartlan, presidente da GM Consultants em Toronto, Ontário, qualquer pessoa pode despertar a inovação e a criatividade não utilizadas no local de trabalho, aplicando os seguintes princípios:

1. Elimine o mistério da criatividade: defina os resultados esperados para que todos entendam para onde os colaboradores devem dirigir os seus esforços.

2. Descubra de que maneira as pessoas são criativas: cada uma delas tem o seu jeito particular de produzir idéias. Peça sugestões, mas lembre-se de que os estilos de trabalho são diferentes.

3. Defina especificamente os desafios: concentre-se em áreas nas quais as soluções criativas sejam necessárias em vez de desperdiçar tempo naquelas que geram pouco ou nenhum retorno para o funcionário e para a organização.

4. Minimize o medo do fracasso: encontre maneiras de absorver o risco. Encare os erros como oportunidades de aprendizado. O fato de você recompensar os funcionários que correm riscos calculados os estimulará a inovar ainda mais.

5. Assuma a responsabilidade pessoal: desenvolva um clima de inovação na empresa. Comece consigo mesmo e com as pessoas que estão na sua esfera de influência.

6. Estimule a comunicação ativa: estabeleça linhas de comunicação direta entre grupos para possibilitar uma troca de idéias rápida e constante.

7. Aprimore seu comportamento e suas habilidades criativas: dê o exemplo.

Quando Gail Seto começou a trabalhar como assistente da gerência em uma loja da Gap em Toronto, Ontário, ela percebeu que o manual de 300 páginas de diretrizes e procedimentos da empresa não abordava metade dos problemas que surgiam no dia-a-dia de uma loja. Na realidade, os novos gerentes tinham que aprender a lidar com a maioria das questões através da experiência pessoal, às vezes com resultados não muito favoráveis. Seto sabia que havia um jeito melhor de ajudá-los a administrar as lojas e decidiu descobrir qual era. Por iniciativa própria, elaborou um conciso manual de treinamento para ser usado como guia para o gerenciamento da Gap. Esse manual é hoje utilizado em todas as lojas da rede no Canadá.

No esforço de estimular os funcionários a trabalhar melhor e com mais eficácia, muitas empresas os avaliam do ponto de vista pessoal. Dependendo da maneira como um profissional responde a várias perguntas, ele é classificado em um tipo específico de personalidade. Após verificar como esse tipo de avaliação pode ser útil no local de trabalho, Seto desenvolveu um sistema que procura adequar o modo como o profissional de vendas se aproxima do cliente ao tipo de personalidade deste último, usando, por exemplo, uma abordagem mais intensa quando o consumidor demonstra claramente que precisa de ajuda para decidir o que comprar. Ela levou a idéia ao seu gerente regional, que a considerou interessante e lhe pediu que a apresentasse aos gerentes setoriais para que eles pudessem treinar os colaboradores e implantar o sistema nas lojas.

A iniciativa também é importante nos ambientes com pequenos grupos. Lois Frankel compareceu a uma reunião de sua associação profissional cujo tema era a formação de equipes. O orador dividiu os participantes em grupos e lhes pediu que usassem uma pilha de jornais, fita crepe e tesouras para construir a maior árvore que conseguissem. Frankel, que estava acostumada a pensar de maneira criativa, percebeu que no local onde ela estava o teto era rebaixado e sugeriu que seu grupo se mudasse para o centro da sala, onde o teto era mais alto, para que pudessem construir uma árvore mais alta. A seguir, propôs que cobrissem uma mesa com jornal e erguessem a árvore em cima dela. Vários membros de seu grupo mostravam-se relutantes em usar qualquer coisa diferente do material fornecido e também em se afastar da área designada. Frankel era a única consultora do grupo, e a relutância das demais pessoas decorria do fato de elas trabalharem em empresas nas quais a criatividade e a iniciativa não eram estimuladas. No entanto, graças à sua insistência, o grupo deixou para trás as idéias limitadas e conseguiu vencer a competição.

ATRIBUTOS PESSOAIS PARA A INICIATIVA

1. Dedique um tempo ao desenvolvimento da criatividade. Marque um compromisso regular consigo mesmo para pensar a respeito da perspectiva mais ampla e de novas maneiras de resolver antigos problemas.

2. Esteja aberto a novas idéias. Ouça o que os seus colegas de trabalho têm a dizer, estimule a criatividade e respeite a opinião deles.

3. Ponha suas idéias em prática. Ter uma idéia é apenas uma das partes da equação – ela não terá valor se você não a levar adiante.

4. Seja persistente. Nem todas as pessoas vão concordar com as suas idéias e, mesmo que o façam, você poderá levar algum tempo para convencê-las de algo.

5. Corra riscos. Os maiores sucessos empresariais são alcançados nos ambientes em que as pessoas são estimuladas a correr riscos.

Faça o dever de casa

Como muitos homens e mulheres de negócios sabem, a preparação é com freqüência a chave do sucesso em qualquer empreendimento. Você pode ser socialmente competente no trabalho e ter uma personalidade bastante agradável, mas é mais provável que consiga convencer os outros de que a sua solução está certa se tiver os fatos do seu lado. Fazer o dever de casa significa tomar a iniciativa de estar preparado para qualquer desafio, ou seja, fazer uma apresentação, participar de uma reunião, apresentar uma nova idéia ao supervisor ou modernizar os processos e procedimentos da empresa. Fazer o dever de casa também quer dizer realizar a pesquisa básica necessária para fundamentar as reivindicações que você possa vir a fazer, o que envolve novas maneiras de reduzir custos, melhorar o desenvolvimento dos produtos ou avaliar melhor o efeito da política da sua companhia sobre os clientes.

Esteja preparado

- Obtenha informações sobre a situação.
- Analise cuidadosamente o problema ou questão.
- Faça uma análise custo-benefício.
- Preveja necessidades adicionais.
- Fale sobre a sua idéia com seu gerente ou com um colega de trabalho.

J. Douglas Phillips, diretor de planejamento empresarial da sede da Merck em White House Station, Nova Jersey, toma a iniciativa de usar estudos de custo da rotatividade dos funcionários para justificar os investimentos da empresa em benefícios trabalhistas e familiares. A pesquisa que ele faz antes de apresentar as propostas à gerência geram um retorno muito grande. Segundo Phillips, essas demonstrações de resultados aumentam a sua credibilidade na empresa no que diz respeito à promoção de programas como creches e fóruns dos colaboradores para discutir o uso de drogas pelos adolescentes.

Quando dirigia um seminário para uma empresa de consultoria em gerência na Filadélfia, Lynnette Younggren conheceu uma mulher que trabalhava no departamento de contas a pagar da sua organização. Certo dia, a mulher observou que a companhia estava remetendo cerca de trinta cheques por mês para determinado fornecedor, depois que cada fatura era aprovada. Ela entrou em contato com o fornecedor e descobriu que a firma dele só precisava receber pagamentos uma vez por mês, o que representou uma economia significativa no tempo despendido pelos funcionários nessa tarefa e nas taxas de processamento dos cheques.

"Apesar da gerência, sempre é possível progredir."

BOB WOODWARD, Repórter do *Washington Post*

Antes de voar para a Califórnia, onde seria entrevistada para a posição de gerente regional de vendas da Trefethen Winery em Napa, Cindy Leonard sabia que, para conseguir o emprego e uma remuneração adequada, teria que demonstrar que estava bem acima dos outros concorrentes. Assim, decidiu

APRENDA COM OS SEUS ERROS

Todos cometemos erros no trabalho. No entanto, nem todos aprendemos com eles. As dicas a seguir o ajudarão a não repeti-los.

Identifique os seus erros. Esta observação pode parecer óbvia, mas muitas pessoas não aprendem com os erros que cometem porque, na verdade, não os consideram erros. Por exemplo, um colega de trabalho fica zangado porque você não lhe entregou um relatório que afeta o serviço dele. Você se coloca na defensiva e explica que não é sua função fornecer-lhe tal relatório. Você aprende com a situação e procura evitar que ela volte a acontecer ou a descarta por ser "problema dele"? Defina um erro como "quando uma coisa não aconteceu do jeito que você esperava" ou "quando você teve uma surpresa inesperada e desagradável". Essa forma de identificar as falhas lhe permite permanecer atento a um conjunto maior de possíveis problemas que atingem você, a sua atividade ou o seu relacionamento com outras pessoas no trabalho. Com isso, é possível evitar as situações negativas antes que elas ocorram.

Pergunte a si mesmo (e aos outros) o que poderia ter sido feito de um modo diferente. Mesmo que a culpa pelo problema não seja sua, tome a iniciativa e assuma a responsabilidade de encontrar uma solução que torne mais fácil, no futuro, tanto o seu trabalho quanto o dos seus colegas. Procure obter feedback das pessoas afetadas pelo problema, do seu gerente e de outros colegas. Se eles não estavam envolvidos com a questão, explique a situação e pergunte-lhes o que teriam feito. Explorem juntos alternativas de prevenção.

Planeje aplicar em futuras situações o que você aprendeu. Seja proativo para evitar cometer o mesmo erro ou um erro parecido. Converse com as pessoas a respeito dos seus planos, especialmente se eles puderem afetá-las.

"É melhor resolver problemas do que crises."

JOHN GUNTHER, Escritor americano

agir: pediu conselhos a antigos colegas de uma empresa onde havia trabalhado, leu a respeito de táticas de negociação e encheu de perguntas o seu consultor de assuntos profissionais. Embora não tenha obtido tudo o que queria, Leonard conseguiu fechar um pacote salarial de 90 mil dólares anuais mais gratificações, o que representava um acréscimo de 20% em relação ao seu último emprego.

Antes de começar a atuar oficialmente como presidente do escritório de Chicago da Harza Engineering, Ed Carter queria formar vínculos com a nova equipe. Para alcançar esse objetivo, ele desenvolveu, de uma forma proativa, uma maneira de conhecer os funcionários da companhia bem mais rápido do que se simplesmente esperasse para fazer isso durante o curso normal dos negócios. Ele pediu a 30 profissionais de alto nível que preenchessem um formulário detalhado que serviu de base para uma conversa de 90 minutos que teve individualmente com cada um deles. Programou também refeições semanais com os outros 140 membros da equipe, almoçando com dez funcionários de cada vez, efetivamente conseguindo conhecê-los e criando vínculos com cada colaborador em menos de 12 semanas.

Poucos profissionais de vendas dão-se ao trabalho de pesquisar seus clientes em potencial de forma abrangente. No entanto, Jeremy Barbera sabe que o tempo que despende ao tomar a iniciativa de aprender um pouco sobre os clientes antes de ter um contato pessoal com eles pode ser muito útil para ajudar a concretizar uma venda e, ao mesmo tempo, satisfazer às suas necessidades. Barbera, fundador e diretor executivo do Marketing Services Group em Nova York, ajuda os clientes a projetar bancos de dados e implementar campanhas de mala-direta. Depois de marcar uma entrevista com um cliente em potencial, ele estuda a organização para descobrir problemas específicos de marketing e depois cria uma solução para apresentar na primeira reunião. Na maioria dos casos, os clientes em perspectiva, que esperam passar o primeiro encontro apenas explicando suas dificuldades, ficam agradavelmente surpresos com o fato de Barbera não apenas saber quais são elas como também de já ter pensado em maneiras de resolvê-las.

Um fabricante de aparelhos de refrigeração e ar-condicionado de Ohio estava tendo problemas com uma broca que às vezes se partia. Contudo, a peça custava apenas 4,50 dólares, o que parecia não representar um grande gasto para a administração. Uma equipe autogerenciada de operadores de furadeiras da fábrica estava certa de que a utilização de uma broca de melhor qualidade reduziria o custo a longo prazo. Assim, alguns de seus membros pesquisaram brocas mais caras, enquanto outros recolheram informações a respeito da que eles estavam usando. O grupo foi capaz de demonstrar à gerência que uma broca que custava o dobro do preço duraria três vezes mais. Com isso, reduziu o número de produtos danificados e o tempo gasto com reparos nas máquinas.

Durante muitos anos, ativistas ambientais de Oak Brook, Illinois, reclamaram veementemente da espuma de estireno usada pelo McDonald's nas embalagens de seus sanduíches e causaram muitos aborrecimentos à empresa. Convencida de que estava fazendo a coisa certa ao fornecer aos clientes um produto da mais alta qualidade, a administração da rede de fast-food se viu em conflito com as pessoas que exigiam que as embalagens fossem fabricadas com um material mais ecológico, como papel e cartolina. Quando parecia que os dois lados tinham chegado a um impasse, um profissional do nível médio da companhia tomou a iniciativa de reunir informações que demonstraram que uma embalagem diferente poderia não somente fazer a companhia economizar dinheiro como também colocar o McDonald's na vanguarda do movimento ambientalista. A administração gostou do que viu e aceitou com entusiasmo o plano do funcionário.

Kathleen Betts, mãe de dois filhos, que compartilhava com outra mãe o cargo que ocupava no governo de Massachusetts, ficou preocupada quando o governador William Weld

RESOLUÇÃO SISTEMÁTICA DE PROBLEMAS

Resolver problemas é com freqüência o principal motivo que leva muitos colaboradores a tomar a iniciativa. Conheça algumas sugestões para solucioná-los de uma maneira sistemática.

1. Defina o problema. Ele realmente existe? Em caso afirmativo, determine do que se trata, qual a sua magnitude e se ele continuará a ser um problema no futuro.

2. Reúna informações. Antes de começar a procurar soluções para o problema, obtenha o maior número possível de informações a respeito dele sem prolongar excessivamente os seus esforços.

3. Pense em soluções alternativas. Faça uma lista das possíveis soluções para o problema e atribua a elas uma prioridade, enumerando-as a partir da mais provável.

4. Escolha a melhor solução. Opte pela solução mais provável, a que está no topo da lista. Esteja pronto para avançar para a alternativa seguinte se a primeira idéia não produzir os resultados que você almeja.

5. Aplique a melhor solução. Acompanhe de perto os resultados para ver se a solução funcionou. Em caso afirmativo, parabéns! Você pode começar a tratar do problema seguinte. Caso contrário, ponha em prática a segunda solução mais provável.

anunciou que tinha a intenção de demitir centenas de funcionários e licenciar outros, na tentativa de equilibrar o orçamento do estado, que estava com um déficit de 460 milhões de dólares. Usando apenas o tempo de que dispunha fora das horas de trabalho, Betts pesquisou as regras do sistema estadual de saúde e as diretrizes do Departamento de Serviços Humanitários do Governo Federal, na esperança de descobrir como gerar uns dó-

IDENTIFIQUE A CULTURA, OS VALORES E AS NORMAS DA SUA EMPRESA

Nos negócios, fazer o dever de casa significa muitas coisas diferentes, desde aprender tudo o que você puder a respeito de prováveis alternativas antes de tomar uma decisão a estar preparado para reuniões e apresentações. Um fator especialmente crítico a ser considerado é a cultura da companhia para a qual você trabalha: cada empresa tem um conjunto próprio de valores e normas, ou seja, os ideais que são valorizados pela administração e usados como modelos para o bom comportamento dos funcionários. Para que a sua iniciativa tenha sucesso, você precisa adequar a sua abordagem a esses elementos.

1. Pesquise a cultura da empresa conversando com colegas de trabalho, inclusive com os gerentes, a respeito das normas, dos valores e das convicções que são as mais importantes para a companhia e para as pessoas que trabalham nela.

2. Identifique os canais de tomada de decisão da sua empresa e dedique-se a conhecer cada pessoa nos canais que você deseja influenciar.

3. Procure e desenvolva canais informais para influenciar outras pessoas na organização, mas de uma maneira compatível com a cultura da companhia.

4. Cultive um grupo de colegas de trabalho com interesses semelhantes aos seus que possam apoiar as suas tentativas de influenciar favoravelmente as pessoas.

5. Enquanto estiver se preparando para influenciar pessoas na sua empresa, certifique-se de que a abordagem que você está imaginando é coerente com a cultura da companhia.

lares a mais aqui e ali. Sua ampla pesquisa revelou uma falha contábil que possibilitou ao estado obter um reembolso muito mais elevado do que antes, da ordem de 489 milhões de dólares. Não apenas o buraco no orçamento foi eliminado como o governo estadual passou a ter 29 milhões de dólares para gastar. Além de receber uma recompensa em dinheiro de 10 mil dólares por sua iniciativa e esforço, Betts foi cumprimentada pelo governador, que estava extremamente agradecido.

> **"As novas idéias não nascem em um ambiente conformista."**
>
> ROGER VON OECH, Presidente da Creative Think

Entre em ação – Tire proveito das oportunidades

Em qualquer situação de negócios, surge o momento de encerrar as deliberações, discussões e análises e entrar em ação. Se você não ocupa oficialmente um cargo administrativo, agir de forma independente pode ser uma proposta assustadora. Afinal de contas, seria muito mais fácil esperar que o seu supervisor não apenas tomasse a decisão como também se responsabilizasse por ela. No entanto, as empresas não podem se dar ao luxo de contratar funcionários que simplesmente ficam esperando que lhes digam o que fazer. Para que um negócio prospere, ele precisa de pessoas que estejam dispostas não somente a correr riscos e tomar decisões como também a agir e assumir a responsabilidade por suas ações. Por sorte, quase todos os gerentes acolhem com prazer essa iniciativa e, cada vez mais, tendem a conferir aos funcionários mais responsabilidade, autonomia e autoridade.

Uma repartição pública da Nova Zelândia imprimiu vários prospectos com um número de telefone incorreto para ligações gratuitas e os distribuiu por todo o país. O resultado foi uma enxurrada de telefonemas para a CLEAR Communications, a proprietária do número de telefone errado. Enquanto a

> **"Se você conseguir acertar 51% das vezes, acabará sendo um herói."**
>
> ALFRED P. SLOAN, Ex-presidente da General Motors

gerência estava ocupada dando instruções às recepcionistas da empresa sobre como direcionar as pessoas para o número correto, um esperto representante de vendas da CLEAR detectou uma oportunidade. Ele ligou para a repartição e vendeu para ela a linha do número errado! Ele não apenas resolveu os problemas do órgão público e das atarefadas recepcionistas da CLEAR como também lucrou fazendo um bom negócio.

Definindo a iniciativa

Segundo Robert E. Kelley, professor de Administração Industrial da Universidade Carnegie Mellon, a iniciativa geralmente se compõe de quatro elementos:

1. Fazer algo que esteja acima e transcenda a nossa função.
2. Ajudar outras pessoas.
3. Correr riscos.
4. Acompanhar a atividade até a sua conclusão.

Harry Allen, gerente de saneamento e serviços de transporte da prefeitura de Longview, Texas, recusa-se a ficar enredado na burocracia que atrapalha muitos órgãos públicos. Ele percebeu que os funcionários trabalham melhor e com mais eficiência quando lhes é permitido ir para casa assim que terminam o serviço do dia. Por conseguinte, Allen decidiu que os profissionais que lidam com o deslocamento de resíduos de instalações sanitárias passariam a trabalhar por tarefa executada. Desse modo, enquanto outros funcionários da prefeitura trabalham 40 horas semanais, estejam ou não com o serviço em dia, os motoristas dos caminhões de transporte de instalações sanitárias e os lixeiros trabalham por tarefa executada. Quando terminam, ficam livres para ir embora. Esse procedimento não representou o fim das dores de cabeça para a equipe administrativa da prefeitura, porém os colaboradores de Allen apresentam

RESOLUÇÃO SISTEMÁTICA DE PROBLEMAS

Somos todos responsáveis por nossas ações. Essa idéia fundamental serve de base para quem toma a iniciativa e controla a própria vida. Você pode ser vítima das circunstâncias em que se encontra, queixar-se, sentir pena de si mesmo e acreditar que a vida não é justa. Contudo, você também tem a opção de erguer-se acima da situação negativa atual, ser responsável por suas ações e concentrar-se no que pode ser feito para atenuar ou eliminar o problema. Veja algumas dicas nesse sentido:

Faça o que disser que vai fazer. Seja uma pessoa de palavra. Termine as tarefas em tempo hábil. Não fique esperando que os outros o lembrem de seus compromissos e não deixe para começar as atividades em cima da hora. Tenha um sistema que lhe permita controlar os compromissos e tome as medidas necessárias para garantir que eles sejam concluídos com êxito. Se você não for capaz de cumprir um compromisso, explique o fato às pessoas antes do prazo final ou procure ajuda para poder concluir a programação. Termine o que você se propõe realizar.

Reconheça os seus erros. Se você culpar outra pessoa, um sistema ou um evento por algo que você fez errado, os outros não confiarão em você. Não participe do "jogo da culpa", mesmo que seus colegas de trabalho o façam. As pessoas lhe terão mais respeito (e o perdoarão mais rápido) se você logo chamar atenção para um erro que tenha cometido e demonstrar uma grande vontade de encontrar a solução. Elas desconfiarão de você e das suas intenções se você negar uma responsabilidade que venha a se revelar sua e, como conseqüência, poderão duvidar das suas palavras ou até mesmo evitar trabalhar ao seu lado.

Não arranje justificativas para si mesmo ou para os outros. Cumpra o que prometer e espere o mesmo das pessoas. Esforce-se sempre para fazer o melhor que puder e acredite que os outros também agirão assim. Se surgir um problema, descubra por que ele ocorreu e use os fatos para criar uma solução. Seja receptivo ao investigar mais profundamente os problemas, especialmente com os clientes. Não aceite trabalhos de qualidade inferior, nem de si mesmo, nem dos outros. Não racionalize as coisas.

sistematicamente o melhor desempenho de atendimento aos clientes na cidade, bem como a melhor disposição de ânimo.

Seja proativo em vez de reagir ao que acontece

- Faça agora o que tem que ser feito!
- Prepare uma lista com as desculpas que você usa para evitar agir no trabalho. Examine-as atentamente e prometa a si mesmo nunca mais usá-las.
- Confie na sua intuição e aja de acordo com ela.
- Pedir desculpas é mais fácil do que pedir permissão, de modo que, se você sabe o que precisa ser feito, faça-o agora e dê satisfações depois.
- Aprenda a equilibrar o dever de obedecer com a obrigação de desobedecer quando algo estiver claramente errado.

Quando se espalhou a notícia de que a US Airways estava planejando encerrar suas operações de manutenção em Winston-Salem, Carolina do Norte, demitindo 1.300 pessoas, os funcionários decidiram entrar em ação. Agindo por iniciativa própria, um grupo de colaboradores desenvolveu e apresentou para a gerência uma proposta alternativa que consolidaria em um único lugar as operações de manutenção realizadas em outras partes do país e levaria mais de 300 colaboradores para Winston-Salem.

Segundo Don Harrison, gerente de relações públicas da Home Depot em Atlanta, Geórgia, os funcionários das duas lojas da empresa na cidade de Oklahoma agiram imediatamente em 1995 quando correu a notícia de que uma bomba tinha explodido no Federal Building. Os gerentes de ambas as lojas, de maneira independente e por iniciativa própria, encheram os cami-

UMA NORMA DE TRABALHO PARA TOMAR A INICIATIVA

Cliff Hakim, fundador da Rethinking Work, uma firma de consultoria especializada na modificação e renovação de pessoas e empresas, apresenta a seguinte norma de trabalho, que todo colaborador deve considerar ao se preparar para tomar a iniciativa:

Iniciarei comigo o processo de mudança.
Começarei com o meu desenvolvimento pessoal.
Enfrentarei o dragão – o meu medo no trabalho.
Substituirei o medo pela paixão.
Integrarei a independência à interdependência.
Serei eu mesmo e colaborarei com os outros.
Eu me unirei à minha empresa e aos meus clientes em vez de trabalhar para eles.
Desenvolverei o meu trabalho e os meus relacionamentos profissionais baseado na igualdade e na competência.
Eu me dedicarei a um aprendizado contínuo.
Tratarei a minha carreira como o empreendimento de toda uma vida.
Criarei um trabalho significativo.
Trabalharei acreditando que o mundo oferece tudo de que eu preciso e que posso dar uma contribuição.

nhões de entrega da firma com todo o estoque de madeira compensada, encerados e madeira de construção e foram em socorro dos que estavam no Federal Building. Eles tomaram a iniciativa sem pedir permissão à sede da empresa ou mesmo notificá-la.

Quando se trata de negócios, Jay Goltz não tem nada a provar. Como fundador e presidente do Artists' Frame Service em Chicago, Illinois, ele transformou um investimento de 2 mil dólares em uma firma de molduras por encomenda em uma grande companhia cujo faturamento anual chegava a 9 milhões

Definindo metas

Para que as coisas sejam feitas, é importante definir metas. Mas qual a diferença entre uma meta adequada e aquela que não alcança o resultado desejado? As melhores metas são as seguintes:

- Pouco numerosas e que convergem para um ponto específico.
- Nem difíceis nem fáceis demais.
- Elaboradas em comum acordo com outras pessoas que irão trabalhar para alcançá-las.
- Visualizadas e colocadas no papel.

Quando chegar a hora de decidir exatamente em que metas você deve se concentrar, faça a si mesmo as seguintes perguntas:

- Que ações exercem maior impacto sobre você?
- Que atividade você vai realizar de um modo diferente? Como você vai cumprir o seu compromisso de executá-la?

Faça o que tem que ser feito

No que concerne a tomar a iniciativa no trabalho, Dwight Jones, almoxarife da San Diego Housing Commission, na Califórnia, é um funcionário exemplar. Anos de avaliações que elogiam o seu desempenho, aliados a vários prêmios e ao reconhecimento da organização, confirmam esse julgamento.

Jones tem muito orgulho do fato de tomar logo uma providência em vez de ficar esperando que alguém lhe diga o que fazer. Ele afirma o seguinte: "Tenho uma satisfação pessoal em ver até onde consigo ir e verificar quanto sou capaz de fazer em um único dia. Termino um projeto e avanço para o seguinte para avaliar se consigo concluí-lo. Sinto-me muito bem quando sou capaz de ir além das minhas obrigações normais e terminar um projeto antes do prazo esperado pelo meu supervisor."

de dólares. Quando Goltz teve a oportunidade de comprar o prédio vizinho à sua próspera empresa de molduras, ele logo a aproveitou. Depois de adquirir a propriedade, a pergunta seguinte foi o que fazer com ela. O resultado foi a Jayson Home & Garden, uma loja de flores e centro de jardinagem. Embora Goltz não soubesse nada a respeito desse ramo, ele criou outra grande empresa – a loja de flores mais famosa de Chicago. Para ele, o fato de não saber como administrar esse tipo de negócio foi, na verdade, uma vantagem: "Contratei as pessoas mais talentosas no ramo da jardinagem que consegui encontrar nessa área e depois deixei que tocassem o negócio sozinhas."

Algumas marcas são tão populares que é difícil imaginar uma época em que elas lutavam para ser reconhecidas. No entanto, a companhia Clorox, de Oakland, Califórnia, que tem um faturamento anual de 2,7 bilhões de dólares, já foi um empreendimento que mal conseguia pagar os funcionários. Até que Annie Murray, mulher de um dos primeiros investidores da empresa, decidisse experimentar uma nova idéia para incentivar as vendas de um alvejante fabricado pela companhia. Ela começou a oferecer aos clientes amostras grátis de uma versão diluída do produto. Impressionada com os resultados dos brindes de Murray, pois estava recebendo consultas e pedidos até mesmo da Costa Leste e do Canadá, a empresa adotou essa tática como uma ferramenta básica de marketing. O produto logo se tornou popular como desinfetante e acessório na lavagem de roupas. Assim, a Clorox Company, que estivera à beira da falência, alcançou enorme sucesso.

Karen Edward trabalhava no departamento de serviços ao cliente de uma pequena empresa na Virgínia chamada

A ATITUDE E O EQUILÍBRIO SÃO IMPORTANTES PARA QUE POSSAMOS AGIR

Todos sabemos que deveríamos cuidar melhor de nós mesmos, relaxar mais e nos divertir mais no trabalho (e em outros lugares também!), mas é mais comum abrirmos mão dessas oportunidades, uma vez que as prioridades do trabalho cotidiano consomem a nossa vida. A seguir, algumas idéias para que você aprenda a agir na vida profissional:

- **Mantenha-se saudável.** O exercício regular não apenas fortalecerá a sua mente e o seu corpo como também o ajudará a se livrar da frustração que ocorre como resultado natural de muitas interações no ambiente de trabalho. Procure comer adequadamente, sobretudo quando estiver viajando. Desenvolva uma rotina saudável e atenha-se a ela, onde quer que você esteja.
- **Faça uma pausa.** A pausa lhe permite dar ao seu cérebro a chance de relaxar de que ele tanto precisa e lhe proporciona tempo para recarregar as baterias. Quando você fizer uma pausa, faça *realmente* uma pausa. Saia do escritório durante algum tempo para evitar interrupções ou, pelo menos, feche a porta da sua sala e desligue o telefone.
- **Divirta-se.** Você passa cerca de um terço do seu tempo no trabalho. Se você não estiver se divertindo, por que ir lá? Sem dúvida, o dinheiro é importante, mas a maneira como você leva a vida enquanto trabalha também é. A diversão deveria ser uma parte fundamental dos seus relacionamentos com os outros, tanto no trabalho quanto fora dele.
- **Administre a sua programação.** Se você não administrar a sua programação, é bem provável que outra pessoa fique feliz em fazê-lo em seu lugar. Compre uma agenda e use-a!
- **Seja otimista.** Não admita automaticamente que existe algo errado com alguém. Em vez disso, procure o que é bom em todas as pessoas que encontrar e em tudo o que fizer. Você ficará impressionado ao ver como seus colegas se sentirão melhor se *você* estiver presente para levantar o ânimo deles.

Quantum Computer Services. Certo dia, ela ouviu o diretor executivo dizer que gostaria de acrescentar uma voz humana à interface com o usuário do computador da companhia. Percebendo que estava diante de uma oportunidade, Karen imediatamente pensou no marido, Elwood, que tinha trabalhado durante vários anos em emissoras de rádio e televisão. "Vocês deveriam experimentar Elwood", sugeriu ela. O diretor executivo concordou em dar uma chance a Elwood, e este gravou quatro frases simples em um gravador: "Seja bem-vindo", "Você tem uma nova mensagem", "O arquivo está pronto" e "Até logo".

Superando a resistência

Como qualquer pessoa que tenha tentado modificar a situação vigente sabe, lidar com a resistência nas empresas pode ser um trabalho desgastante. Segundo o escritor e professor da Universidade de Harvard, John Kotter, a resistência empresarial pode ser vencida aplicando-se as seguintes medidas:

1. Identificar todos os relacionamentos laterais relevantes, inclusive os sutis e praticamente invisíveis (em outras palavras, saber quem precisa ser liderado).
2. Avaliar os que, entre essas pessoas, poderão resistir à cooperação, por que fariam isso e com que intensidade (descobrir qual será o desafio da liderança).
3. Desenvolver, sempre que possível, um bom relacionamento com essas pessoas para tornar mais fácil a comunicação, a instrução ou o processo de negociação necessários para reduzir ou superar a maior parte dos tipos de resistência (desenvolver as ferramentas necessárias para liderar).
4. Quando a terceira medida não funcionar por si mesma, escolher e implementar, com cuidado, métodos mais sutis ou mais vigorosos para lidar com a resistência (ter coragem de liderar).

Pouco depois, a Quantum mudou seu nome para America Online, e hoje milhões de pessoas nos Estados Unidos ouvem a voz de Elwood sempre que entram na rede.

Ao procurar uma maneira de ajudar os colaboradores a fazer algo pela sua comunidade, Ed Benson, funcionário da The Ken Blanchard Companies em Escondido, Califórnia, tomou a iniciativa de criar um programa de caridade no seu horário de folga. Benson e outros colegas voluntários passaram a se encontrar uma vez por mês, na hora do almoço, para dar início ao programa. Este arrecada hoje mais de 500 mil dólares por ano em donativos feitos pelos funcionários, seus amigos e respectivas famílias. Todos os anos, os colaboradores (que também têm a opção de doar o seu tempo) votam nas instituições de caridade que mais gostariam de apoiar. Ao perceber o sucesso dessa iniciativa popular, a equipe administrativa da empresa destinou 10% dos lucros, antes dos impostos, a doações feitas a organizações comunitárias, educacionais e religiosas que têm projetos e programas específicos dedicados a causas nobres.

A Illinois Power (IP) é uma empresa de serviços públicos de gás natural e eletricidade com sede em Decatur, Illinois, que atende aproximadamente 650 mil clientes. Vários de seus funcionários estavam preocupados porque o manual de procedimentos de trabalho não satisfazia às necessidades dos profissionais que o utilizavam. Como resultado, cerca de 30 colaboradores formaram uma equipe para empreender um projeto que combinasse os padrões de gás impressos com documentos ligados à manutenção em um manual fácil de ser usado. Seus supervisores concordaram em permitir que eles se afastassem das obrigações habituais para trabalhar na equipe. Poucos meses depois, o grupo passou a se reunir em um local separado para não ser constantemente interrompido.

De acordo com Terry Firnkes, um técnico de serviços da IP, o resultado foi uma força-tarefa mais eficiente e eficaz. "Precisamos de menos tempo para procurar as informações do que para executar as tarefas. Estamos concluindo o trabalho mais rápido e com maior segurança."

O novo manual também se tornou rentável para a IP. A companhia preparou um folheto sobre os padrões, enviou-o para empresas de serviço público e, posteriormente, vendeu os padrões para outras organizações. O líder de equipe Don Johnson afirmou: "Vender nossos padrões para outras empresas de serviços públicos favoreceu a nossa reputação dentro da indústria. Queremos criar políticas e procedimentos que estabeleçam um padrão superior para nossos clientes. Isso é parte do esforço de fazer o melhor."

"Temos que pensar nas 'coisas grandes' enquanto fazemos as pequenas para que todas as pequenas coisas caminhem na direção certa."

ALVIN TOFLER, Futurista e escritor

Há alguns anos, a Johnson & Johnson em New Brunswick, Nova Jersey, decidiu divulgar o seu famoso óleo para bebês como bronzeador. Quando a campanha de publicidade estava para ser lançada, alguns colaboradores manifestaram suas objeções, sobretudo porque o vínculo entre o bronzeamento e o câncer de pele iria contra o lema da empresa. Um desses funcionários disse o seguinte: "Nossa principal responsabilidade é para com médicos, enfermeiros, pacientes, mães e todos os que usam os nossos produtos e serviços." No entanto, em vez de se contentarem com o fato de terem interrompido com sucesso a planejada campanha de marketing, os funcionários tomaram a iniciativa de sugerir aplicações alternativas para o produto. O resultado foi uma campanha para o uso do óleo como removedor de maquiagem, uma alternativa que estava de acordo com o lema da empresa e que proporcionou um aumento substancial na receita.

Há vários anos, David Morris ingressou no grupo The Brady, em Dallas, Texas, na função de consultor, e não levou muito tempo para perceber que a empresa poderia melhorar a forma como se comunicava com o mundo exterior. A companhia ajuda os *call centers* a elaborar planos de negócios, projetar sistemas telefônicos e criar novos *call centers*. A função de Morris era viajar pelo país fazendo análises e desenvolvendo projetos. Passadas algumas semanas, ele notou que existia um grande vazio no que dizia respeito às comunicações de marketing. Todas as atividades na área de vendas (telefonemas e visitas aleatórias feitas sem o conhecimento prévio da pessoa que estava sendo procurada) eram realizadas pelo presidente e fundador da empresa. "Eu havia executado anteriormente alguns projetos de páginas da Web para outra companhia e constatei como a presença na rede pode ser importante. Por isso, no intervalo dos compromissos de viagem, comecei a projetar páginas para o The Brady, pedindo autorização enquanto ia desenvolvendo o projeto, mas sem solicitar longas aprovações prévias ou passar por procedimentos orçamentários." Hoje o site do grupo é enorme, muito respeitado e repleto de informações. A companhia conseguiu várias contas de vulto através do site.

Um engenheiro de uma das empresas regionais da Bell, formadas pelo desmembramento da AT&T, estava cada vez mais preocupado com a capacidade da sua organização de acompanhar o desenvolvimento das concorrentes. Embora a companhia anunciasse aos quatro ventos a sua posição na vanguarda da tecnologia, seus fornecedores informaram ao engenheiro que, na verdade, ela estava bem no fim da fila. Decidido a fazer algo a respeito da situação, ele realizou uma palestra informal com o seu grupo de trabalho no horário normal de almoço para expor o que havia descoberto. A seguir, redigiu um memoran-

Uma estratégia

David Gee, diretor de programas do "laboratório on-line" de tecnologia da Internet para a AlphaWorks da IBM em San Jose, Califórnia, oferece os seguintes conselhos para colaboradores que desejam sobressair no trabalho:

1. Para se destacar, você tem que agir de um modo diferente. A missão de Gee é melhorar o ritmo de vida na IBM. Isso significa exercer pressão para que as coisas caminhem mais rápido. "Minha gerência me diz o seguinte: 'Se não estivermos recebendo quatro reclamações internas por semana, você não está fazendo seu trabalho direito.'"
2. Se você quer implementar mudanças, consiga cobertura. Embora Gee possa demonstrar autoconfiança com relação à sua situação na IBM, ele entende que precisa do alto escalão da empresa para que o ambiente AlphaWorks cresça e prospere. Gee passa bastante tempo cultivando a amizade dos executivos mais graduados, que irão defender a sua abordagem e evitar que a AlphaWorks seja prejudicada por questões superiores: "Precisamos de cobertura. Temos pessoas cuja função é garantir que as reclamações parem nelas para que possamos dar seguimento ao nosso trabalho."
3. Obtenha resultados. A equipe de Gee está ganhando influência com o resultado que alcançou. Os primeiros 90 dias após a inauguração do site AlphaWorks foram críticos. "Um enorme número de pessoas começou a visitar o site. E eram pessoas que a IBM estava tentando alcançar, pessoas que não nos teriam na sua tela de radar não fosse a AlphaWorks. Hoje temos um histórico reconhecido."

do interno comparando a tecnologia da empresa com a que era utilizada pelos concorrentes. Após recolher mais informações, o engenheiro marcou uma reunião com a alta administração para apresentar o seu ponto de vista. A empresa reagiu positivamente lançando um plano abrangente para comparar a sua tecnologia básica com a da concorrência, visando melhorar o seu produto. Como resultado, além de conseguir chegar à vanguarda tecnológica, a companhia tornou-se a primeira na área dos negócios corporativos e foi capaz de atrair acordos favoráveis com a MCI e a AT&T para serviços interurbanos.

Uma coisa é a empresa dar permissão para que os funcionários se envolvam mais com a maneira como executam a sua função, e outra, completamente diferente, é os recém-liberados colaboradores se porem à prova. Quando a Pinnacle Brands, fabricante de cartões de alta qualidade com fotos de jogadores de várias modalidades esportivas em Grand Prairie, Texas, lançou aos funcionários o desafio de gerenciar a si mesmos e, simultaneamente, aumentar a produtividade, alguns deles ficaram com medo de entrar em ação. No entanto, uma secretária mostrou-se radiante com a oportunidade. A colaboradora, cuja responsabilidade era trabalhar com uma firma que fazia pesquisas de marcas registradas, chegou à conclusão de que ela mesma poderia realizar as pesquisas. Ao tomar a iniciativa de sugerir a idéia e, em seguida, executá-la, a secretária economizou 100 mil dólares por ano para a Pinnacle.

Certo dia, Vinny Petrillo, montador de uma fábrica de produtos de eletricidade em Massachusetts, fez uma pergunta simples: "Por que temos que fazer as coisas desta maneira?" Como a companhia estava encomendando um tipo de disjuntor que vinha com três terminais desnecessários, Petrillo normalmente passava duas horas por dia removendo os terminais. Sua pergunta levou a empresa a fazer a mesma indagação ao fornecedor das peças. Eles descobriram não somente que poderiam receber o disjuntor sem os terminais como também que a mercadoria seria mais barata.

Quando Ruth Inman começou a trabalhar na Second Harvest Chicago, uma rede nacional de bancos de alimentos sem fins lucrativos, a instituição tinha um sistema de computadores com apenas seis meses de vida que já estava obsoleto. A organização não dispunha dos seis mil dólares necessários para fazer um upgrade no sistema. Vendo-se diante de uma situação aparentemente sem saída, Inman decidiu tentar uma solução diferente. Ela telefonou para a sua empresa preferida de computadores, a Altos Computer Systems, e perguntou se a companhia estava precisando fazer a baixa contábil de um ativo para fins fiscais naquele ano. Estaria a Altos disposta a doar um computador para a organização de Inman? Duas semanas depois, o sistema

Como tornar as metas eficazes

Existe maior probabilidade de atingir as metas quando estas são organizadas de um modo formal e sistemático. Conheça algumas maneiras de tornar as suas metas eficazes:

- Registre-as por escrito.
- Vincule-as à perspectiva de longo prazo da empresa.
- Tome medidas para que elas tenham resultados mensuráveis.
- Examine regularmente o seu progresso na direção das metas e ajuste-as quando necessário para alcançar os seus objetivos globais.
- Recompense a si mesmo sempre que atingir uma meta ou fizer um progresso significativo na direção dela.

da Altos chegou e logo se tornou o equipamento principal, funcionando em rede e servindo de 25 a 30 funcionários, que passaram a poder compartilhar dados e informações. A poupança líquida? Seis mil dólares. O tempo economizado pelos colaboradores por não ter que duplicar o trabalho? Exponencial.

DICAS PARA PERMANECER NO CONTROLE DA SITUAÇÃO

1. Não adie nada. O melhor momento para fazer o que tem que ser feito é o presente.

2. Estabeleça constantemente prioridades no seu trabalho e dedique-se primeiro às questões mais importantes. As prioridades contam! Ocupe-se do que é menos relevante somente quando já tiver resolvido os assuntos mais urgentes.

3. Não espere que os outros tomem a iniciativa. Quando algo precisar ser feito, vá em frente e faça-o!

4. Seja um participante e não um espectador. Você atingirá suas metas profissionais e pessoais muito mais rápido, e será uma pessoa mais feliz e produtiva.

5. Aproveite rápido as oportunidades. Muitas delas são passageiras: valha-se delas antes que outro o faça ou antes que essa chance desapareça!

Melhore as coisas

Uma das maneiras mais fáceis, e mais eficazes, de o colaborador tomar a iniciativa é permanecer atento a formas de melhorar os procedimentos de trabalho, produtos, serviços e sistemas, que são uma parte vital do modo como a empresa faz negócio. Nenhuma companhia é perfeita – sempre existe espaço para o aprimoramento e para um jeito novo de lidar com antigos problemas. A pessoa que executa um trabalho está na posição ideal para saber como ele poderia ser realizado de uma maneira melhor. Quanto mais baixa a sua posição na hierarquia da empresa, maior a sua chance de ter mais contato com o *verdadeiro* negócio, ou seja, com os clientes, os produtos e os serviços. É claro que *todos* podem contribuir de um modo significativo, e essa contribuição proporcionará não apenas uma maior satisfação pessoal ao colaborador como também um melhor resultado líquido para a empresa.

Dicas do autor

- Detalhe as suas idéias por escrito em uma proposta.
- Antes de apresentá-las à gerência, pense nos custos e benefícios que elas acarretarão.
- Exponha as suas idéias a um colega de confiança.
- Procure um apoio informal.
- Desenvolva um plano para implementar as suas idéias.

Um jeito melhor

- Imagine-se fazendo seu trabalho pela primeira vez. Você o executaria do jeito que está fazendo agora?
- Se fosse preciso, como você poderia realizar a tarefa duas vezes mais rápido? E cinco ou dez vezes mais depressa?
- Você realmente precisa fazer o trabalho? O que aconteceria se você o deixasse de lado?
- Haveria uma maneira completamente diferente de realizá-lo?
- Existe outra pessoa capaz de executar a tarefa com mais facilidade?
- Procure maneiras de fazer com que novas idéias funcionem, e não razões pelas quais elas não darão certo.
- Prepare uma lista das coisas que você gostaria de alterar na empresa, acrescentando os motivos que você tem para modificá-las. Estabeleça prioridades e planeje dar o passo seguinte com os itens que você colocou em primeiro lugar na lista.
- Aprenda maneiras informais de executar as tarefas no seu ambiente de trabalho.

Durante o período em que trabalhou para uma firma de limpeza em Brisbane, Austrália, a líder de equipe Alison Philippe sempre se perguntou como poderia aumentar a eficiência e reduzir os custos do procedimento de limpeza de uma grande empresa de esportes e entretenimento. Seu funcionário mais graduado, Peter Thistlethwaite, perguntou-lhe se poderia tentar esquematizar uma forma melhor de realizar o trabalho. Uma semana depois, ele apresentou um método organizado de limpar a área dos assentos, que reduzia o custo da mão-de-obra em quase 15%. Além disso, a qualidade do serviço melhorou e a motivação da equipe aumentou quando os colaboradores se esforçaram ativamente para oferecer suas idéias a respeito de como aprimorar o processo de limpeza. Philippe diz o seguinte:

"Fiquei tão impressionada com a mudança que acabei deixando a companhia para voltar a estudar e aprender como administrar pessoas de uma maneira adequada e eficaz."

COMO DAR PESO ÀS SUGESTÕES

Um importante aspecto da iniciativa que qualquer profissional pode colocar em prática é fazer sugestões. Todo empregador precisa de colaboradores capazes de detectar áreas problemáticas e sugerir melhoras de uma maneira sincera e construtiva. A seguir, algumas dicas sobre como maximizar a sua eficácia ao fazer sugestões.

Comece pelo seu setor. O maior impacto que você pode exercer é no setor em que trabalha. Procure maneiras de economizar, melhorar o serviço ou simplificar os procedimentos. Faça as experiências necessárias para testar as suas idéias.

Tenha um plano para a implementação. As sugestões podem parecer reclamações se não houver um plano para que sejam colocadas em prática. Calcule os custos e os benefícios da sua idéia e como você pode fazer ou iniciar a mudança desejada. Documente sua proposta e converse sobre ela com outras pessoas. Pense em quem mais precisa estar envolvido para que a sugestão seja implementada e procure conseguir a colaboração, a participação e a aprovação dessas pessoas o mais rápido possível. Assuma as suas idéias: ofereça-se para ficar encarregado dos aspectos que você é capaz de desenvolver. Aprenda a vender as suas sugestões para os outros.

Desenvolva uma disposição para fazer sugestões. Aproveite períodos de ociosidade, como durante o percurso para o trabalho, para pensar em sugestões. Procure desenvolver no mínimo duas idéias por semana que possam ser submetidas a alguém ou compartilhadas para realizar melhoras. Tenha sempre com você papel e lápis para anotá-las.

Apóie e aproveite as sugestões das outras pessoas. Ao ser receptivo às idéias dos outros, você desenvolverá boa vontade e alianças que poderão ser benéficas quando você precisar de ajuda e apoio.

Não se satisfaça com o que é bom o bastante

1. Procure maneiras de melhorar a situação existente e prossiga com um plano de ação.
2. Concentre suas sugestões nos setores que exercem maior impacto na empresa.
3. Acompanhe as sugestões com ações. Ofereça-se para ajudar a implementar as propostas que apresentar.
4. Olhe ao redor. Procure setores da empresa que possam ser melhorados em vez de se restringir ao seu departamento ou unidade de negócios.
5. Não faça sugestões frívolas. Elas desgastam a sua credibilidade e o afastam de áreas mais importantes que podem ser melhoradas.

Uma funcionária de uma loja de móveis em Denver, Colorado, preocupada com o fato de que muitos clientes em potencial não podiam fazer compras por causa do horário de funcionamento do estabelecimento, teve uma idéia simples para resolver o problema. Ela propôs uma mudança no horário de funcionamento da loja, de modo que se tornasse mais conveniente para os clientes que trabalhavam fora. A sugestão foi adotada pela administração da empresa, o que gerou um aumento de 15% nas vendas.

Os funcionários de um dos gigantes da indústria de produtos e componentes eletrônicos, a Motorola, aprenderam que tomar a iniciativa no trabalho pode resultar em ganhos substanciais tanto para a empresa quanto para eles próprios. Quando a fábrica de cable modens da empresa em Mansfield, Massachusetts, teve apenas seis semanas para documentar as etapas de produção necessárias para a montagem de uma nova unidade – procedimento que geralmente levava meses –, Blane McMichen, gerente de tecnologias de produção, decidiu que nesse trabalho não usaria papel, e sim uma intranet que abrangia toda a companhia. Ele pediu, então, que os funcionários lhe fornecessem feedback sobre o novo sistema. Muitas das sugestões aumentaram significativamente a eficiência dos profissionais envolvidos, economizando tempo e dinheiro. A Motorola levou o novo sistema de montagem sem papel para mais três de suas fábricas.

> **"Se você tiver a coragem de se ater às suas idéias e for capaz de se erguer após uma queda, você terá sucesso neste mundo. Se tiver confiança em si mesmo, terá a iniciativa de seguir adiante depois de ter cometido um erro."**
>
> WFT, da Internet

A Arbitron Company em Columbia, Maryland, é líder em serviços de informação. A principal atividade da empresa é avaliar programas de rádio e fazer pesquisas demográficas qualitativas. Seus entrevistadores telefonam para as pessoas que responderam a uma enquete preliminar e pedem a elas que preencham um questionário após acompanharem por um período de sete dias as suas rádios preferidas. Essas informações são usadas nas operações de venda do horário destinado à propaganda nessas emissoras. A empresa envia, então, os questionários pelo correio em envelopes ou, no caso de algumas residências-chave usadas como amostras, em caixas. Em 1995, a Arbitron estava colocando no correio cerca de 30 mil dessas caixas.

Naquele ano, Dave Tennent tinha a função de lacrar as caixas antes que elas fossem despachadas. Essa última etapa do processo era bastante dispendiosa e lenta. As caixas tinham uma aba de papel que precisava ser lacrada, e os funcionários as fechavam à mão, usando uma esponja molhada. Tennent sabia que o número de caixas a serem enviadas iria aumentar, o que poderia criar um possível ponto de estrangulamento. Disposto a melhorar o processo, ele foi até uma firma que fabricava um tipo de embalagem feita com filme de plástico transparente, que se encolhe com o calor ao redor do conteúdo, formando um pacote lacrado. Tennent embalou algumas caixas dessa maneira e levou uma amostra pa-

COMO VENDER AS SUAS IDÉIAS

Tomar a iniciativa freqüentemente requer que você convença os outros a apoiar o seu ponto de vista. Conheça algumas dicas sobre como apresentar as suas idéias:

- **Delineie suas metas.** O que você está tentando realizar? Você quer convencer o seu supervisor a experimentar uma nova maneira de resolver um problema relacionado com os serviços ao cliente? Quem sabe você deseja compor uma comissão para desenvolver formas de tornar mais agradável o ambiente da sua firma? Primeiro, coloque seus objetivos no papel; em seguida, procure aperfeiçoá-los e, só então, apresente-os.
- **Desenvolva uma relação dos pontos positivos do seu plano.** Determine as principais vantagens de usar as suas idéias e recolha informações, tanto qualitativas quanto quantitativas, que reforcem o seu plano. Esses poucos pontos principais formarão a espinha dorsal da sua apresentação.
- **Banque o advogado do diabo diante da sua proposta.** Pense nas perguntas e objeções das quais a sua proposta provavelmente será alvo. Desenvolva uma sólida resposta para cada uma delas e obtenha os elementos adicionais de que você precisa para provar o seu ponto de vista.
- **Faça uma avaliação prévia do seu plano.** Procure informalmente pessoas cuja opinião você respeite para saber o que elas acham da sua proposta. Você não somente descobrirá maneiras de melhorar o seu plano como aqueles envolvidos no processo de avaliação começarão a se deixar convencer pela sua proposta.

ra sua equipe junto com uma proposta que explicava a sua idéia. O equipamento que produz as embalagens plásticas custaria à empresa cerca de 13 mil dólares, mas esse investimento posteriormente significaria uma economia de mais de 15 mil dólares por ano em mão-de-obra. Além disso, o produto final seria de melhor qualidade. A sugestão foi aprovada em poucas semanas.

Estimulados pelo desafio de descobrir maneiras de reduzir os custos de fabricação e melhorar a eficiência dos operários, os funcionários da fábrica da 3M em Cumberland, Wisconsin, implementaram soluções que diminuíram em 30% o custo unitário de fabricação dos panos de limpeza da Scotch-Brite e praticamente eliminaram as perdas.

Quando os funcionários do Departamento de Serviços Municipais de Washington (King County) que davam informações por telefone tomaram a iniciativa de sair do escritório para descobrir qual era a experiência efetiva dos clientes com os serviços que eles prestavam, conseguiram realizar várias melhorias no sistema de atendimento aos chamados. Como resultado, os telefonemas resolvidos com sucesso aumentaram de 50 para 90%, a média de espera por cliente caiu de 157 para 65 segundos e a precisão aumentou.

Os funcionários do centro médico Beth Israel em Boston, Massachusetts, chegaram à conclusão de que poderiam economizar mais de 200 dólares por transfusão de sangue coletando o próprio sangue. Eles criaram, então, uma área especial onde os funcionários passaram a fazer doações de sangue regularmente.

Depois que um colega se queimou por causa do mau funcionamento de um equipamento com o qual estava trabalhando, um grupo de funcionários da Universidade de Delaware, em Newark, ficou preocupado com a possibilidade de que os profissionais que se acidentassem no trabalho perdessem momentos preciosos esperando a chegada dos bombeiros e das equipes de resgate. Para resolverem o problema, eles formaram uma equipe de primeiros socorros, composta por colaboradores que, fora do horário do expediente, trabalham como técnicos de emergência médica e em operações de resgate. A gerência apoiou a idéia. Ron Beaver, técnico em eletrônica e membro do grupo, disse o seguinte: "Acho que foi muito legal da parte da gerência trabalhar conosco. Eles se mostraram abertos e forneceram o equipamento." Thomas Vacha, vice-presidente adjunto da instituição, elogiou os colaboradores: "Foi uma iniciativa dos funcionários. Eles apresentaram a justificativa e forneceram a lista do material necessário."

> **"Se você adiar todas as coisas até ter certeza delas, não fará nada."**
>
> NORMAN VINCENT PEALE, Autor de *O poder do pensamento positivo*

Um funcionário do laboratório da Cerdec, fabricante de pigmentos e corantes em Washington, Pensilvânia, teve uma grande idéia. Sempre que a sugestão de um colaborador é implementada, um adesivo metálico brilhante, registrando o nome do funcionário e a data, é colocado perto do local onde está a máquina, o escritório ou a área beneficiada por ela. Os profissionais ficam tão orgulhosos ao receber e exibir os seus adesivos de sugestão quanto a companhia ao acolher e implementar as idéias deles. Os colaboradores já apresentaram mais de 3 mil sugestões e mais de 2 mil delas foram adotadas. A empresa fez uma economia total de mais de 6,5 milhões de dólares e repassou para os funcionários 2,9 milhões sob a forma de vales-presente que podem ser usados em um shopping da cidade.

Um soldador de eixos de uma grande fábrica de tratores em Moline, Illinois, tinha motivos para ficar irritado. Toda vez que ele precisava de uma peça de reposição ou de uma atualização sobre um item, precisava ir buscá-los no outro lado da fábrica, desperdiçando o seu tempo e o dos colegas. O que ele fez, então? Exatamente o que faria qualquer outro soldador de eixos com idéias progressistas: apresentou o problema ao seu superior ao mesmo tempo em que sugeriu uma solução! Depois de ouvi-lo, o supervisor rapidamente aprovou a aquisição de um telefone celular para o soldador.

Jacie Rubenstein, funcionária do escritório central da loja de departamentos Mervyn em Hayward, Califórnia, recebeu uma incumbência temporária na seção de artigos para meninos. Ela observou que durante as reuniões semanais da equipe de produtos não era incluída uma análise detalhada do cronograma da propaganda da semana – e essa análise era um tópico importante nas reuniões de várias divisões da Mervyn. Então, Rubenstein sugeriu

"Existem alguns caminhos que você pode seguir para fazer com que a sua idéia seja aprovada pela diretoria. Um deles é se dirigir de imediato às pessoas de nível mais alto e tentar convencê-las a fazer a mudança; outra é procurar colegas do mesmo nível que o seu e conseguir o apoio deles para que, juntos, possam levar a proposta à administração. Sou um grande defensor deste último método."

JOE ANDRASKI, Vice-presidente de grupo, Integrated Logistics, Nabisco Foods

ao departamento que o assunto passasse a constar da pauta. Sua idéia foi aceita e a análise do cronograma da propaganda tornou-se uma parte regular da programação das reuniões.

A inovação é imprevisível

Muitas inovações, talvez a maioria delas, vêm dos lugares "errados": de não-conformistas com obsessão por alguma coisa, de pessoas que tropeçam em novas descobertas por acaso ou que descobrem novas utilizações para produtos destinados a mercados diferentes, e assim por diante. Depois de passar 25 anos estudando a IBM, a General Electric, a Polaroid e a Xerox, Brian Quinn, da Amos Tuck Business School do Dartmouth College, descobriu que nenhum produto dessas empresas havia sido criado com base em um processo formal de planejamento.

Perseverança e persistência

Se existem heróis entre os funcionários que decidem tomar a iniciativa no trabalho, suas histórias encerram em geral uma extraordinária perseverança e persistência em relação à alta administração ou a políticas e sistemas estabelecidos para garantir a manutenção das condições vigentes. Quase sempre é preciso muita coragem para tomar a iniciativa. Contudo, persistir, mesmo quando parecemos derrotados ou, pior, quando somos orientados a jogar a toalha, exige uma firmeza impressionante. No processo de desenvolvimento da lâmpada elétrica, o inventor Thomas Edison experimentou mil materiais diferentes no filamento da peça. Todos falharam. Quando lhe perguntaram se ele achava que todo aquele tempo tinha sido em vão, Edison respondeu: "De modo nenhum. Descobri mil coisas que não funcionam." Como demonstram os exemplos a seguir, as recompensas da persistência podem ser grandes, tanto para a pessoa quanto para a empresa.

Nunca, jamais, em tempo algum, desista

- 90% do valor ocorre no último 1% de esforço.
- Seja eficiente nas atividades das quais os outros não gostam.
- Sempre faça o melhor que puder.
- A situação vigente é uma força extremamente poderosa em qualquer empresa. Questione a autoridade. Seja educado porém determinado.

Pouco depois de começar a trabalhar em uma posição iniciante em uma fábrica de discos de silicone da Hitachi no Japão, Yumi soube que a direção da empresa estava considerando a possibilidade de fechar aquela unidade porque os produtos estavam apresentando um índice de defeitos aproximadamente 20% mais elevado do que a norma. Certa vez, quando ia para o trabalho, ela notou que o guidom da bicicleta em que estava vibrou enquanto um trem passava por perto. Yumi sugeriu ao gerente da fábrica que talvez houvesse uma ligação entre o índice de defeitos e o deslocamento dos trens naquela área. Apesar de cético com relação a essa teoria, ele a transmitiu aos engenheiros de qualidade da Hitachi, que realizaram testes de vibração, porém nada encontraram. Yumi não se deixou desanimar. Fez mais pesquisas e descobriu que algumas vibrações de baixa freqüência podiam não ser detectadas nos testes, mas, mesmo assim, provocar efeitos negativos. Ela convenceu a administração da empresa a construir uma vala com água entre os trilhos dos trens e a fábrica. Um grupo de funcionários voluntários realizou o projeto em um fim de semana. Para surpresa de quase todo mundo, a idéia deu certo e a fábrica não foi fechada.

> **"Nada no mundo pode substituir a persistência."**
>
> CALVIN COOLIDGE

Uma equipe que se dedicava ao projeto de uma nova locomotiva em uma fábrica da General Electric em Erie, Pensilvânia, recebeu ordens explícitas da gerência para "interromper e abandonar" a tentativa de desenvolver esse novo tipo de produto. No entanto, levados por sua energia e dedicação, os membros do grupo não deram atenção a essa exigência; continuaram o trabalho e conseguiram criar uma locomotiva que passou a representar uma parte significativa dos negócios da fábrica.

COMO DECIDIR QUANDO AGIR E QUANDO RECUAR

Embora seja verdade que a persistência é uma característica desejável, você também precisa aprender quando recuar no trabalho. Tomar a iniciativa requer energia, de modo que é necessário aprender a empregá-la nas questões mais importantes e que você possa realizar considerando os recursos de que dispõe. As seguintes perguntas irão ajudá-lo a determinar prioridades e decidir se o momento é adequado para que você persiga o seu objetivo.

Qual a importância do objetivo para você? Em primeiro lugar, é necessário que você esteja muito seguro da sua motivação. Por que você acha que sua meta beneficiará a empresa? Que indícios você tem de que alcançar o objetivo será proveitoso? A meta está em harmonia com seus valores e propósitos pessoais? O que você ganhará pessoalmente se o objetivo for alcançado? Ele está em sintonia com as prioridades e os valores do seu supervisor? Está de acordo com a missão e os valores da companhia?

Que aliados e adversários você tem no seu caminho em direção à meta? Em qualquer empresa, o apoio dos outros é um componente crítico para atingir a maioria dos objetivos. O seu gerente concorda com a sua meta? Outras pessoas na companhia acham que o seu objetivo é importante? Você poderia se valer de algumas concessões para conseguir apoio? Alguém na alta administração é fortemente a favor ou contra a sua meta?

A situação favorece a consecução do seu objetivo? Qual o seu plano para alcançá-lo? Um plano semelhante já deu certo na empresa? Se a idéia faz sentido, por que ela não foi colocada em prática antes? O esforço vale a pena, considerando o risco de fracasso? Qual a relação custo-benefício do objetivo?

Uma análise direta de qualquer objetivo pode ajudar você a determinar se é realista perseguir determinada meta, tendo em vista as circunstâncias vigentes na empresa.

A administração da Disneylândia em Anaheim, Califórnia, raramente recupera brinquedos desativados, de modo que não causa surpresa o fato de que a maioria dos pedidos nesse sentido – tanto os que são feitos por visitantes do parque quanto por funcionários da empresa – seja categoricamente recusada. Mas, quando um pequeno e persistente grupo de colaboradores insistiu na volta das barcaças Huck Finn com seus pilotos engraçados, a diretoria concordou em satisfazer sua solicitação. Eles não apenas reativaram essa atração como permitiram que sua administração ficasse a cargo dos funcionários que tomaram a iniciativa de restaurá-la.

> **"Nossos colaboradores são responsáveis por seu produto e pela qualidade dele. Esperamos que ajam como donos."**
>
> Gordon Forward, Presidente da Chaparral Steel

O engenheiro Charles House, da Hewlett-Packard, recebeu uma medalha por "extraordinária desobediência e rebeldia além das obrigações normais do cargo de engenheiro". Por quê? Ele não deu atenção à ordem do fundador da empresa, David Packard, de que deixasse de trabalhar no desenvolvimento de um monitor de vídeo de alta qualidade. Apesar da advertência, House prosseguiu em seu projeto e conseguiu concluir o monitor, que foi usado para acompanhar as aterrissagens tripuladas da NASA na Lua e também é utilizado nos transplantes de coração. Embora as estimativas iniciais tivessem indicado que o mercado para esse tipo de vídeo com tela tão grande fosse de apenas 30 unidades, mais de 17 mil foram vendidas, no valor aproximado de 35 milhões de dólares.

No final da década de 1970, bem antes de os computadores pessoais se tornarem uma necessidade doméstica, John Roach, na época vice-presidente de fabricação da Tandy, hoje seu diretor executivo, estava convencido de que vender computadores pessoais nas lojas de aparelhos eletrônicos Radio Shack da companhia poderia ser um negócio bastante lucrativo. No entanto, quando ele sugeriu a idéia aos seus superiores, eles a rejeitaram por acreditarem que tais equipamentos eram coisa de sonhadores. Apesar disso, Roach não desanimou, e determinou que uma equipe de funcionários construísse o protótipo do computador que ele tinha em mente. Tendo em mãos o modelo, uma vez mais ele tentou convencer a diretoria de que a sua idéia era boa, dessa vez com sucesso. A Radio Shack veio a ter um papel muito importante nos primórdios da história dos computadores pessoais.

"O caminho para o sucesso envolve reimaginar o mundo, reorganizar o processo e depois usar os sistemas de informação para juntar tudo. Às vezes, as novas idéias podem ser um pouco nebulosas. Você precisa acreditar que as coisas podem ser feitas, mesmo que não saiba exatamente como elas vão acontecer."

DENNIS COLARD, Gerente de logística empresarial da Hewlett-Packard

Emily Rodriguez, diretora de transportes da Esprit de Corp, uma fábrica de roupas em São Francisco, estava convencida de que para controlar a importação era preciso consolidar os pedidos internacionais em um número menor de remessas maiores. Quando ela apresentou pela primeira vez uma proposta nesse sentido ao vice-presidente da empresa, a idéia foi sumariamente rejeitada. Sem se deixar abater, Rodriguez continuou a recolher informações atualizadas que amparavam o seu ponto de vista. Um ano mais tarde, quando ficou claro para a alta administração que algo tinha que ser feito, ela foi capaz de fornecer de imediato novas informações que reforçavam a proposta que apresentara um ano antes. Rodriguez embarcou no avião seguinte para a Ásia com instruções para implantar o programa.

> **"O sucesso depende das pessoas. Para quem é inteligente, não é difícil ter idéias criativas. O importante é levá-las adiante. Procure cercar-se de profissionais talentosos e competentes que compartilhem as suas metas e acreditem no programa."**
>
> DALE BROWNING, Presidente da Plus System

Uma equipe autogerenciada de funcionários de uma pequena fábrica de peças moldadas por injeção plástica recebia o tempo todo telefonemas do departamento de acabamento por causa de um problema constante de defeitos nas peças. Imaginando que as falhas pudessem ser causadas por impurezas na água utilizada no processo de produção, a equipe perguntou: "Por que não colocar um sistema de filtragem de água no tanque e fazer a água circular de novo?" A gerência respondeu que já havia tentado essa solução sem sucesso. Mesmo assim, o grupo decidiu experimentar a idéia, e enviou alguns representantes a um Wal-Mart da vizinhança para comprar componentes e construírem eles mesmos o sistema. A idéia funcionou às mil maravilhas: reduziu significativamente o refugo, economizou água da torneira (porque a água agora circulava), protegeu o meio ambiente e resolveu um segundo problema de qualidade relacionado com o esfriamento da temperatura da água.

> **"Não basta que as pessoas cumpram as tarefas que lhes foram designadas."**
>
> AL PIETRASANTA, Gerente de programas da IBM

O gerente do serviço ao cliente da GE Medical Systems em Milwaukee, Wisconsin, Tom Owens, tentara durante anos fazer com que sua empresa adotasse um novo programa de re-

COMO ADMINISTRAR O SEU TEMPO

Tomar a iniciativa pode significar, muitas vezes, controlar o seu tempo. Contudo, administrar o tempo não é algo que você possa fazer e depois simplesmente esquecer. Dedicação e esforço contínuos são essenciais para garantir que você estará sempre agindo na direção do que é mais importante em vez de se distrair com questões triviais que disputam a sua atenção. Se você seguir estas dicas, pode ter certeza de que usará o seu tempo com sabedoria de forma bem constante.

1. No final de cada dia de trabalho, antes de ir para casa, organize uma lista das tarefas a cumprir no dia seguinte. Estabeleça prioridades posicionando as mais importantes no começo da lista e as menos importantes no fim.

2. Chegue ao escritório pelo menos meia hora mais cedo e reserve esse período "tranqüilo" para trabalhar na tarefa prioritária sem sofrer interrupções.

3. Não se dedique aos trabalhos de menor prioridade enquanto não estiver satisfeito com o progresso que realizou nas tarefas mais importantes.

4. Compre e use uma agenda ou um sistema de planejamento diário.

5. Examine a sua caixa de entrada pelo menos uma vez por dia e estabeleça prioridades para o conteúdo dela. Lide de imediato com a correspondência de rotina em vez de deixar que ela se acumule.

6. Opte por não participar de reuniões sem importância e compareça àquelas que possam ajudá-lo a atingir suas metas e seus objetivos.

7. Concentre-se em executar o trabalho para o qual você está especialmente qualificado e delegue o resto para seus colegas.

8. Reserve algumas horas por semana, em que não ocorram interrupções, para pensar sobre a "perspectiva mais ampla" e sobre as suas metas e seus objetivos a longo prazo, bem como para desenvolver estratégias para alcançá-los.

9. Aprenda a dizer não de um jeito educado, mas firme.

crutamento. Seu superior finalmente concordou e Owens criou o projeto com fundos internos do departamento ao mesmo tempo que tentava obter da companhia os recursos necessários à implementação integral do programa. Dois anos mais tarde, ele conquistou o apoio de um novo gerente geral que conseguiu os milhares de dólares para a concretização do projeto.

Josiah, que trabalhava como especialista em hipotecas de casas em um grande banco norte-americano, sabia que o seu horário mais produtivo era entre as dez horas da manhã e o final da tarde. No entanto, seu empregador insistia em que todos os funcionários chegassem ao trabalho às sete horas da manhã. Finalmente, um novo diretor executivo assumiu o cargo e Josiah aproveitou a oportunidade para propor um programa de horário flexível. A idéia foi aceita e logo vários colaboradores de seu departamento passaram a chegar às dez da manhã. A produtividade dos funcionários que adotaram o horário flexível subiu vertiginosamente.

VALE A PENA PERSISTIR

1. Concentre-se no que você *pode* fazer e não no que você *não pode* fazer. Aproveite a sua energia trabalhando em direção às suas metas e não contra elas.

2. Não desista. A sua vitória pode estar bem próxima.

3. Procure maneiras de fazer com que os outros digam sim. Ninguém gosta de dizer não a um colega; dê aos outros muitas opções e motivos para que eles respondam afirmativamente.

4. Identifique os obstáculos às suas metas e, a seguir, elimine-os um por um. Quanto mais obstáculos você remover, mais rápido atingirá os seus objetivos.

5. Seja firme mas não agressivo. Seja educado porém persistente.

Parte 2

VOCÊ E OS OUTROS

Toda organização é uma comunidade social e, em decorrência disso, os colaboradores precisam saber trabalhar com os outros para que as tarefas sejam executadas. Essa habilidade é crítica na área dos negócios e pode representar a diferença entre o sucesso e o fracasso; por conseguinte, os funcionários devem tomar a iniciativa de maximizar seus relacionamentos profissionais.

Ao liderar os outros, vender uma idéia, promover uma imagem positiva diante dos superiores, trabalhar em equipe ou prestar um atendimento que supere as expectativas do cliente, os melhores profissionais sabem como resolver as coisas com os colegas na empresa em que trabalham. Os colaboradores inteligentes que pedem conselhos ou ajuda podem obter resultados que não conseguiriam alcançar sozinhos.

Trabalhar com as outras pessoas, especialmente em grupo, pode tornar mais fácil a perspectiva de tomar a iniciativa. Contar com o apoio dos colegas e usufruir o benefício da experiência e do conhecimento deles é uma maneira certa de multiplicar a eficácia dos seus esforços. Além disso, a própria natureza das equipes, nas quais os membros constantemente buscam novas e melhores maneiras de executar as tarefas e atender as necessidades e os desejos dos clientes, pode ser muito importante para gerar o ímpeto necessário para que a iniciativa viceje em uma empresa.

Hoje em dia, os colaboradores não podem se dar ao luxo de relaxar e ficar esperando que gerentes, colegas de trabalho ou clientes aproximem-se deles com idéias e soluções; eles precisam estar atentos às oportunidades de serem proativos, de antever as necessidades dos outros e satisfazê-las. Aqueles que fizerem isso promoverão um impacto positivo e duradouro não apenas em relação à própria carreira como também no que se refere aos colegas e clientes e à organização.

A liderança e a influência

A liderança pessoal é a essência da iniciativa – é assumir o comando sem a constante intervenção e fiscalização do gerente. É tomar decisões sozinho em vez de esperar que ele as tome para nós. E o que acontece quando os colaboradores são seus próprios gerentes? Em uma pesquisa de opinião realizada entre os gerentes de posição mais elevada, o envolvimento direto dos funcionários na tomada de decisões – incluindo sua capacidade de tomar a iniciativa – foi citado como o principal fator do aumento da produtividade.

A liderança não conhece fronteiras, e líderes podem ser encontrados em qualquer parte da empresa, independentemente da posição do colaborador no organograma da companhia. A pesquisa *Liberating Leadership Report*, publicada pela Industrial Society do Reino Unido, revelou que mais de 80% dos profissionais identificados pelos funcionários como detentores de uma genuína capacidade de liderança não ocupam cargos de autoridade formal. Outra pesquisa mostrou que, em média, os líderes formais das empresas não contribuem com mais do que 20% para o sucesso da maior parte das companhias; a atuação dos subordinados é essencial para os 80% restantes.

Enquanto a administração usa diretrizes, procedimentos, ocasiões importantes e recursos semelhantes para *fazer pressão* e conseguir que os funcionários atinjam as metas da empresa, os líderes *incentivam* os colaboradores a alcançá-las por meio das suas ações e exemplo. Para ser um líder, basta ter uma visão de como as coisas deveriam ser, a paixão de convencer os outros a se unir a você e a iniciativa de colocar a bola em jogo. Ken Blanchard, guru da administração e co-autor de *O gerente minuto*, diz o seguinte: "A chave da liderança bem-sucedida é a influência e não a autoridade."

Qualquer pessoa pode ser um líder

- Influência = poder.
- Cada pessoa é persuadida de uma maneira diferente. Descubra o que "mexe" com elas e tire proveito disso.
- Alicie o apoio dos outros e peça-lhes que se juntem a você no esforço de melhorar a empresa.
- Aja tendo em vista os interesses da equipe.
- Expresse os sentimentos do grupo.
- Aproxime-se individualmente das pessoas e solicite o apoio delas.
- Evite o jogo da culpa! Quando você começar a culpar alguém por um problema ou erro, contenha-se e pergunte: "Como podemos resolver juntos a questão enquanto seguimos adiante?"

Alguns colaboradores assumem a liderança tornando-se agentes de mudança, ou seja, pessoas que identificam, perseguem e implementam alterações positivas nas suas esferas de influência. A funcionária Alice Macpherson diz o seguinte sobre essa questão: "Na condição de agente de mudança, estou comprometida com a mudança a partir de mim mesma, da minha empresa e da sociedade. Isso significa que procuro pensar nas ramificações a longo prazo, tanto das minhas ações e diretrizes quanto das dos outros. Quero ser uma agente de mudança positiva, de modo que me manifesto quando me deparo com a discriminação e defendo as situações em que todos ganham. A minha empresa sabe que pode contar comigo quando chega o momento de falar abertamente, fazer perguntas e apresentar sugestões, e estas atribuições não estão incluídas na descrição oficial do cargo que ocupo."

Há vários anos, John Patrick, alto executivo de estratégias da IBM em Somers, Nova York, percebeu que a Internet seria o futuro da computação. Pouco depois da sua conversão à rede, Patrick agiu rápido e por conta própria. Redigiu um documento interno da IBM chamado "Conecte-se", em que definiu vários princípios que reformulariam as indústrias e revolucionariam as empresas. Ao lado deles, relacionou as seguintes técnicas de ação:

- Forneça a cada funcionário um endereço de e-mail.
- Forme grupos de discussão internos.
- Crie um site da empresa.

Patrick começou imediatamente a receber memorandos, telefonemas e e-mails de todas as partes do mundo. Ele diz o seguinte: "As pessoas não sabiam exatamente em que setor eu trabalhava e não se importavam com isso. Compartilhávamos a idéia de que a Internet iria mudar tudo e que a IBM deveria fazer parte da liderança." Alguns anos depois, quando a IBM criou uma divisão de 600 pessoas para definir a campanha da empresa, Patrick foi nomeado vice-presidente da divisão e diretor de tecnologia.

Quantas vezes você já notou que, logo após o fim de uma reunião destinada a estimular a mudança em uma empresa, todos os participantes retomam as tarefas habituais assim que voltam à mesa de trabalho? Ao término de um seminário de três dias, patrocinado pela Xaloy, fabricante de cilindros bimetálicos em Pulaski, Virgínia, quando os participantes se preparavam para voltar para casa, o maquinista Roger Roope tomou a decisão de não permitir que *aquele* encontro tivesse um resultado semelhante. "Não podemos ir embora agora", disse Roope. "Se desejamos que as pessoas se convençam da necessidade da mudança, temos que decidir agora o que vamos fazer de uma maneira di-

AS CINCO FONTES DE PODER E COMO USÁ-LAS

Todo colaborador pode recorrer a cinco fontes de poder. Ao se preparar para tomar a iniciativa, avalie as suas fontes de poder potenciais e tire proveito delas.

1. O poder pessoal diz respeito ao seu carisma, à sua vontade de ter sucesso, à força das suas convicções, às suas habilidades de comunicação e inspiração e à sua capacidade de liderança.

2. O poder de relacionamento deriva da rede de contatos e amigos que você forma, desenvolve e mantém no trabalho, o que abrange os colegas que o informam sobre o que está acontecendo no setor em que atuam, os executivos que o procuram para realizar projetos especiais e todas as pessoas no nível intermediário.

3. A posição funcional está diretamente relacionada com o seu lugar no organograma da empresa. Proprietários, presidentes e diretores executivos possuem um grande poder funcional, ao passo que recepcionistas, funcionários de escritório e trabalhadores detêm muito pouco desse poder e até mesmo nenhum.

4. O poder de conhecimento baseia-se no conhecimento específico que você tem da sua função, departamento ou empresa. Por exemplo, se você é a única pessoa na companhia que sabe como reativar um computador 15 minutos antes da hora prevista para que um mensageiro chegue para buscar uma proposta importante, você possui um incrível poder de conhecimento.

5. O poder da atribuição é inerente às suas atribuições no trabalho. Algumas funções são, por natureza, mais importantes do que outras para a saúde da empresa. Por exemplo, o poder da atribuição do pessoal de vendas, cuja função é arrecadar dinheiro através da comercialização de produtos ou serviços, é geralmente muito elevado.

Você pode aumentar qualquer fonte de poder que possua para construir a sua base de poder em outra fonte: por exemplo, você pode intensificar o seu poder de relacionamento a partir de sua rede de contatos em uma empresa para obter mais poder de conhecimento dos especialistas da sua rede.

ferente na segunda-feira. O diretor executivo, Walter Cox, conta o seguinte: "Aceitamos a sugestão de Roope, voltamos a nos reunir e procuramos uma ação forte e simbólica para indicar a mu-

A mudança organizacional

A mudança organizacional envolve muitos aspectos. Alguns dos mais importantes são:

- Visão.
- Tenacidade.
- Capacidade de lidar com o conflito e enfrentar situações difíceis.
- Capacidade de mobilizar as pessoas para a ação.
- Grande habilidade interpessoal.
- Conhecimento técnico na área da mudança organizacional e da dinâmica de grupo.
- Confiança e credibilidade.
- O desejo sincero de que o que está para ser feito seja importante e proveitoso para todos.

dança. Decidimos anunciar, assim que chegássemos, que íamos remover todos os relógios de ponto."

No Centro de Pesquisas Almaden da IBM em San Jose, Califórnia, 12 jovens funcionários tomaram a iniciativa de reinventar a maneira como a companhia faz negócios. Eles substituíram a tradicional camisa de colarinho branco abotoado e o antiquado terno de listras bem finas da IBM do passado por roupas e acessórios de estilo informal. Os jovens e empreendedores colaboradores passaram a usar camiseta, calça jeans e brinco. Outros indícios da mudança levada a efeito por eles: uma bandeira de pirata ondula sobre o compartimento do *webmaster* da equipe; o Tekken 2, jogo da Sony PlayStation, é exibido em uma tela na sala de reuniões; e um pôster que parece um bilhete para pedir resgate anuncia: "Não posso ser administrado por ninguém."

QUAIS AS CARACTERÍSTICAS DE UM LÍDER?

Qualquer pessoa pode ser um líder em uma organização. A capacidade de liderança não é uma característica conferida formalmente apenas a supervisores ou gerentes. Na verdade, há quem diga que os líderes mais eficazes das suas empresas são líderes informais, trabalhadores da linha de montagem sem nenhuma função "oficial" de supervisão ou gerência. No entanto, todos os líderes precisam fazer o seguinte:

- **Incentivar a ação.** Os líderes possuem a habilidade de incentivar os que estão acima ou abaixo deles na hierarquia formal a tomar medidas para alcançar um objetivo comum. Tal objetivo freqüentemente está bem além de qualquer coisa que os que estão sendo liderados poderiam ter imaginado sozinhos.
- **Comunicar-se.** A comunicação é a cola que mantém juntas as pessoas em uma empresa. Os grandes líderes possuem uma grande capacidade de comunicação. Eles não apenas servem de inspiração para os outros por meio das suas palavras e ações como também descrevem irresistíveis visões do futuro, motivando outras pessoas a segui-los.
- **Oferecer apoio e ajuda.** Os líderes apóiam aqueles com quem trabalham. Eles fazem isso criando um ambiente que ampara a ação individual e estimula as pessoas a correr um risco calculado. Em vez de desencorajá-las ou puni-las por tentarem melhorar produtos, serviços ou procedimentos de trabalho, eles aplaudem os esforços delas, em voz alta e publicamente.

Dawn Ross, ex-gerente de recursos humanos da Kentucky Fried Chicken, a rede de lojas de fast-food do noroeste dos Estados Unidos, queria ajudar os gerentes das lojas a motivar mais os funcionários e a reconhecer os esforços deles. Além disso, pretendia reforçar as lições que os gerentes haviam aprendido no programa de treinamento. Então, ela teve a idéia de elaborar todos os meses um boletim informativo para eles.

Atributos da liderança

No prefácio de *O líder do futuro* (Editora Futura), o guru da administração Peter Drucker relaciona os seguintes procedimentos de qualquer líder eficiente, inclusive dos informais:

1. Eles não começaram com a pergunta "O que eu quero?", e sim indagando "O que precisa ser feito?".
2. A seguir, eles perguntaram: "O que posso e devo fazer para me destacar?" É necessário que seja algo que precise ser realizado e que, ao mesmo tempo, seja compatível com as qualidades do líder e a maneira como ele é mais eficaz.
3. Eles indagaram constantemente: "Qual é a *missão* e quais os objetivos da empresa? Qual o significado de *desempenho* e *resultados* para esta companhia?"
4. Eles eram extremamente tolerantes com relação às diferenças entre as pessoas e não procuravam cópias exatas de si mesmos. Raramente lhes ocorria perguntar: "Você gosta ou não gosta desta pessoa?" Eles eram extremamente cordiais, mas podiam ser bastante intolerantes no que dizia respeito ao *desempenho*, aos *padrões* e aos *valores* de uma pessoa.
5. Eles não tinham medo da capacidade das pessoas com quem trabalhavam. Na verdade, eles a apreciavam imensamente. Estivessem ou não conscientes do fato, o seu lema era o que Andrew Carnegie queria que fosse colocado no seu túmulo: "Aqui jaz um homem que atraiu para sua atividade pessoas melhores do que ele."
6. De uma maneira ou de outra, eles submetiam-se ao "teste do espelho", ou seja, certificavam-se de que a pessoa que eles viam no espelho todas as manhãs era o tipo de pessoa que desejavam ser e respeitar, e na qual queriam acreditar. Desse modo, fortaleciam-se contra a maior tentação do líder: fazer coisas que são populares em vez de corretas.
7. Finalmente, esses líderes eficazes não eram pregadores, mas homens de ação.

Por iniciativa própria e sem pedir a aprovação dos superiores, Ross preparou e distribuiu o boletim de uma página. Não apenas as lições de liderança foram reforçadas como os gerentes ficaram satisfeitos com a atenção que receberam da direção executiva da empresa.

No momento em que as coisas começam a dar errado, muitos gerentes regridem às antigas maneiras de fazer negócios: aumentam o controle que exercem sobre os colaboradores e os afastam dos papéis de tomada de decisão. No entanto, quando Ken Hux foi nomeado vice-presidente e gerente geral da Sears Licensed Business Unit, que fornece a licença para que as firmas vendam produtos e serviços no comércio varejista, ele chegou à conclusão de que talvez estivesse na hora de tentar fazer algo diferente.

Para recuperar um negócio em crise, com as vendas e os lucros em baixa, Hux primeiro experimentou um sistema informal que permitia aos colaboradores participar da tomada de decisões. Após testemunhar de perto os benefícios de envolver funcionários fora da área administrativa na tomada de decisões, ele formalizou o processo adotando um programa chamado "Compartilhamento de Metas".

Em decorrência do fato de Hux ter assumido o comando da situação, o que fez extravasar a iniciativa dos colaboradores em toda a companhia, a unidade de licenciamento passou a apresentar um desempenho magnífico, que possibilitou um crescimento significativo, e a rotatividade de funcionários foi praticamente eliminada. Além disso, a unidade registra sistematicamente os mais elevados resultados em toda a organização Sears. Hux diz que, depois de ter visto os efeitos que esse procedimento pode proporcionar a uma empresa, ele jamais voltará à forma tradicional de administração.

Ao perceber que, quando se reunia com casais para discutir assuntos financeiros, as mulheres nunca faziam perguntas, Julia Strayer, vice-presidente do Banco Privado, da agência do BankBoston em Stamford, Connecticut, decidiu agir. Segundo Strayer, diante dessas questões as mulheres sentem-se intimidadas, de modo que nem sempre obtêm o melhor aconselhamento financeiro. Espontaneamente, ela organizou e apresentou seminários financeiros destinados a preencher essa lacuna. A freqüência aos eventos foi muito boa e as clientes do banco ficaram bastante agradecidas pelo interesse de Strayer por elas.

Quando a alta administração ameaçou reduzir a estrutura do seu departamento, Bill Hewitt, um dos gerentes da GTE-Sylvania, sentiu-se motivado a encontrar soluções que ajudassem seu setor a tornar-se mais competitivo no que dizia respeito aos custos. Ao reconhecer as questões existentes na essência dos problemas financeiros, e tomar a iniciativa de desenvolver e implementar um plano para solucioná-las, ele fez com que seu departamento desse a volta por cima.

"Disseram-me que reduzisse a minha equipe de supervisão. A idéia de perder supervisores que forneciam orientação diária para os trabalhadores horistas representava um grande desafio, e eu me perguntei como iria cumprir os objetivos da empresa." Hewitt teve, então, a idéia de mostrar às pessoas os padrões de desempenho pelos quais ele era avaliado: as metas e objetivos. Para isso, usou os "quadros brancos" do departamento com um sistema de marcadores verdes e vermelhos. Escolheu o verde para representar as medidas positivas e o vermelho para as negativas. Ele explicou às pessoas quais eram os padrões, como estes eram analisados e seu impacto sobre os preços dos produtos acabados. Passou também a acompanhar o desempenho diário e mensal de cada departamento, como as variações no custo da mão-de-obra com relação ao custo-padrão, o número de dias decorridos depois do último acidente e a quantidade de itens rejeitados por falta de qualidade.

Durante os primeiros dias e semanas, o desempenho foi típico: alguns números eram verdes e outros vermelhos. Contudo, como os quadros estavam à vista, cada departamento tentou apresentar um desempenho melhor do que os outros. Eles desenvolveram uma técnica descontraída para lidar com quaisquer perdas na ocorrência de "dias vermelhos" contínuos. Em alguns meses, todos os quadros brancos do departamento de Hewitt

Táticas para influenciar os outros

Um estudo de funcionários realizado por Gary Yujk e Cecilia Falbe revelou que as oito táticas apresentadas a seguir eram as mais comumente empregadas para influenciar as pessoas nas empresas. Dependendo da cultura da companhia, algumas dessas táticas poderão ser consideradas inaceitáveis; mas, independentemente disso, todas são usadas com freqüência.

1. **Táticas de pressão:** fazer exigências ou usar ameaças e intimidação.
2. **Recorrer à alçada superior:** pedir ajuda à gerência ou convencer os outros de que o pedido foi aprovado pela alta administração.
3. **Troca:** trocar um favor por outro.
4. **Condições:** induzir as pessoas a oferecer apoio.
5. **Insinuar-se:** provocar sentimentos positivos por meio da cordialidade e da simpatia.
6. **Persuasão racional:** usar argumentos lógicos e fatos para convencer os outros.
7. **Apelo emocional:** usar uma linguagem simbólica e carregada de emoções que apele para o sentimento de lealdade ou justiça de outra pessoa.
8. **Consulta:** buscar a participação de alguém na tomada de decisões e no planejamento.

tornaram-se verdes. "Finalmente, vim a saber que estávamos quebrando recordes da fábrica tanto nas variações do custo da mão-de-obra quanto na produtividade."

Para que a iniciativa exerça um impacto em toda a empresa, a comunicação com os outros é fundamental. Segundo Cheryl Babcock, de Sarasota, Flórida, sua capacidade de comunicar-se bem com os colegas é parcialmente responsável pelo seu sucesso como uma agente de mudança que toma a iniciativa de ajudar a empresa em que trabalha a adotar métodos novos e mais eficazes de fazer negócios.

Ela se dispõe a passar o tempo conversando, escrevendo e enviando e-mails para tornar as pessoas conscientes da mudança de paradigma que está ocorrendo na sua área. Segundo Babcock, nem sempre ela é paga pelo tempo que passa fazendo isso, mas faz mesmo assim; e não mede esforços nessas atividades porque acredita firmemente no processo. "Para ser um agente de mudança, é preciso possuir a capacidade de falar (usando veículos diversos) de um modo que as pessoas ao menos escutem o que está sendo dito e também ter a habilidade de engajar os outros e ensinar-lhes a promover a causa. A outra coisa é a paixão: sem paixão, ninguém vai compreender o que você está dizendo!"

Sarah era universitária e trabalhava à noite e nos fins de semana em um restaurante chique da orla em Sausalito, Califórnia. Ela queria que os clientes tivessem uma experiência agradável no estabelecimento, de modo que aproveitava todas as oportunidades de torná-lo um lugar melhor. Assim, não lhe passou despercebido o fato de os clientes sempre dizerem que gostariam de comprar camisetas, bonés e outros produtos com o nome e o logotipo do restaurante. Apesar de só trabalhar meio expediente, Sarah procurou a gerência e sugeriu que a empresa começasse a produzir e ter em estoque esses artigos. Após examinar os dados financeiros que ela reuniu por conta própria para amparar o seu pedido, a gerência concordou com a sugestão e lhe permitiu organizar a produção desses itens. Em um tempo recorde, os produtos estavam nas prateleiras e passaram a ser um grande sucesso de vendas, agradando aos clientes e aumentando o resultado líquido da empresa.

> **"Os riscos calculados são a chave do sucesso."**
>
> WILLIAM OLSTEN, Diretor executivo da Olsten Services

Ao perceber a necessidade de manter a coerência do serviço aos clientes, especialmente para os portadores dos cartões Gold, que desfrutam de um nível de atendimento pessoal que as cadeias de lojas geralmente não oferecem, Gail Seto, da Gap em Toronto, Ontário, desenvolveu uma série de seminários sobre temas como o traje esporte e a consultoria em guarda-roupa pessoal. Os eventos foram um tremendo sucesso e propiciaram uma melhora no serviço oferecido aos clientes, deixando-os mais satisfeitos.

> **"A melhor maneira de prever o futuro é inventá-lo."**
>
> ALAN KAY, Diretor de pesquisas da Apple Computer

Steve Miller, diretor administrativo de grupos do Royal Dutch/Shell Group of Companies, conta uma história a respeito de um programa de liderança patrocinado pela empresa.

"Tivemos uma equipe austríaca no primeiro programa e ficou claro desde o início que seus membros não estavam felizes em participar. Durante os exercícios do primeiro seminário, en-

Maximizando a influência

Em *Influence Without Authority* (Como influenciar pessoas sem exercer autoridade), Allan R. Cohen e David L. Bradford oferecem os seguintes conselhos para que você possa maximizar a sua influência em uma empresa:

- Preste atenção no que é realmente importante para as outras pessoas.
- Encare até mesmo aqueles que têm interesses e conhecimentos diferentes dos seus como aliados em potencial em vez de adversários.
- Não meça esforços para ajudar os outros; assim, você conseguirá créditos que poderá trocar depois por favores.
- Identifique as necessidades das pessoas que se recusam a cooperar e procure aproximar-se delas; não as veja como inimigos que devem ser eliminados.
- Crie resultados em que todas as partes possam sair vencedoras. Isso conduz a um ambiente de cooperação e confiança no qual é mais fácil realizar as interações necessárias para conseguir que o trabalho seja feito através de uma constante influência mútua.

tre as seis equipes participantes, os austríacos ficaram sempre em último lugar!

"O que deu uma reviravolta nas coisas foi o exercício do vídeo. O líder do grupo austríaco precisou sair de repente e não estava presente na hora dessa atividade. A equipe, que tinha dificuldades, viu-se sem liderança e tendo que enfrentar um 'problema sem restrições': uma câmera e 90 minutos para produzir um vídeo. Eles criaram, então, a história de um homem que precisava ir desesperadamente ao banheiro. O vídeo da 'antiga Shell' começava com esse homem andando de pernas contraídas, sentindo muita dor e procurando o banheiro. Ele encontra a porta na qual está escrito 'Masculino', mas ela está trancada. Assim, o homem é obrigado a passar pela burocracia de preencher um formulário para que a porta seja aberta. A pessoa a quem ele entrega o formulário ainda precisa obter a aprovação do supervisor. Essa pessoa toca uma campainha, o supervisor aparece e examina todo o processo. Nesse ínterim, o homem já está praticamente verde. Finalmente, a chave lhe é entregue e ele se atira no banheiro. Essa é a 'antiga Shell.' A seguir, surge a 'nova Shell'.

"O mesmo cara vai ao banheiro, mas agora há um homem na porta que o conduz para dentro com um sorriso. Quando ele entra em um dos compartimentos, recebe um rolo de papel higiênico só para ele. Ao sair, lhe é oferecida uma toalha individual. O atendente do banheiro chega inclusive a tentar fechar o zíper da calça do homem. A seqüência foi absolutamente cômica.

"Exibimos os vídeos de todos os grupos e escolhemos o melhor. Os austríacos ganharam disparado, e esse foi o início da reviravolta deles. Ao retornar, o líder encontrou um grupo mais dinâmico e começou a perceber o grande talento e a capacidade daquelas pessoas; o tempo todo, era a atitude dele que estava atrapalhando o processo criativo da equipe. No decorrer da semana, eles modificaram a maneira como trabalhavam juntos. Mais tarde, o desempenho profissional deles na Áustria melhorou de um modo impressionante."

OS LÍDERES INFLUENCIAM AS AÇÕES

1. Procure posições de liderança, tanto formais quanto informais. Os líderes informais freqüentemente detêm mais poder e influência do que os formais.

2. Dê o exemplo. Os outros respeitarão os seus valores e procurarão naturalmente a sua liderança.

3. Torne-se uma fonte importante de recursos. Ofereça às outras pessoas o seu conhecimento e experiência; elas passarão a ver você como um perito na sua área.

4. Esteja preparado quando defender o seu ponto de vista. A preparação ou a falta dela pode representar a diferença entre o sucesso e o fracasso no que diz respeito a influenciar os outros.

5. Atenha-se aos fatos e não às emoções. Os fatos sempre vencem a longo prazo.

Comunicação e interação

Hoje em dia há mais maneiras de nos comunicarmos e interagirmos uns com os outros do que em qualquer outro momento da história mundial. Além dos meios tradicionais da comunicação frente a frente, do telefone, das cartas, dos bilhetes e dos memorandos, temos o e-mail, o voice mail, o pager, o fax, o telefone celular, a teleconferência e ainda outros recursos. No entanto, o simples fato de dispormos de todas essas facilidades não significa que elas sejam usadas; precisamos tomar a iniciativa de transmitir informações oportunas, significativas e que encerrem um propósito, além de criar vínculos na nossa interação com os colegas de trabalho e as outras pessoas.

Apesar do extraordinário impulso na tecnologia da comunicação, nenhuma informação vale a placa de circuito em que é transmitida se a pessoa com a qual você está se comunicando não entender o que você está dizendo. Andrew Grove, presidente da Intel, afirma o seguinte: "A qualidade da nossa comunicação não é determinada pela eficiência com que dizemos as coisas, e sim pela clareza com que somos compreendidos."

> **"Fazer as perguntas corretas exige a mesma habilidade que dar as respostas certas."**
>
> ROBERT HALF, Presidente da Robert Half International

Quando Ann Maurutto, gerente de uma empresa da área de saúde em St. Louis, Missouri, ouviu os funcionários queixando-se uns com os outros dos problemas que tinham com os seus laptops, ela afixou na sala de café grandes folhas de papel intituladas "Problemas" e "Soluções" e estimulou os colaboradores a fazer a mesma coisa e a responder às perguntas uns dos outros. Sua iniciativa foi um sucesso, e não somente ajudou os funcionários a resolver os seus problemas com os computadores como também abriu um novo canal de comunicação dentro da empresa.

Tomando a iniciativa nas reuniões

1. Preste realmente atenção no que os outros têm a dizer.
2. Participe ativamente da discussão, mas não a controle.
3. Prepare-se para a reunião.
4. Reproduza a força das suas convicções falando com clareza e alto o suficiente para que todos ouçam as suas palavras.
5. Ajude a manter a reunião concentrada nos tópicos escolhidos e a fazê-la transcorrer no tempo programado.

Os grandes administradores entendem que a liberdade de falhar e tentar de novo é um importante elemento para desencadear a iniciativa dos funcionários. Em um esforço para transformar uma burocracia lenta e pouco simpática aos clientes em uma empresa de serviços interessada no bem-estar dos consumidores, um dos vice-presidentes da Alagasco, uma distribuidora de gás natural com sede em Birmingham, Alabama, distribuiu para toda a sua equipe cartões com a seguinte inscrição: "Saia da cadeia sem pagar fiança!"

Quando os colaboradores cometem erros ao tentar prestar um serviço de primeira qualidade, eles procuram o vice-presidente, conversam com ele sobre o que aprenderam com a experiência, entregam-lhe o cartão e são imediatamente perdoados. A seguir, antes que saiam, o vice-presidente lhes dá outro cartão daqueles para ser usado mais tarde. Esse programa simples, porém eficaz, não apenas melhorou a comunicação entre os funcionários e a administração como também causou uma onda repentina de iniciativa por parte dos colaboradores, resultando em uma total reviravolta na qualidade do serviço prestado.

Comunique-se o mais cedo possível e com freqüência

- Torne o contato pessoal se isso for importante.
- Escolha o melhor momento para exercer o maior impacto.
- Muita comunicação não significa necessariamente comunicação de qualidade.
- Especifique aquilo de que você precisa antes que outra pessoa decida por você.
- Corra o risco de expressar suas opiniões antes que uma decisão seja tomada. Depois que ela for adotada, demonstre seu total apoio, mesmo que você não concorde com ela.
- Desenvolva e aperfeiçoe uma rede ativa de relacionamentos dentro da sua empresa.
- Freqüente associações profissionais e participe do treinamento que estiver disponível na sua empresa.
- No final de cada dia, atualize os seus arquivos acrescentando o nome dos novos conhecimentos que você fez e descrevendo o contexto em que isso aconteceu.
- Compartilhe suas idéias.

Para Lauren Martin, da Hewlett-Packard, a interação pessoal deve ultrapassar os limites da companhia. Ela entrou para a HP em 1984 como funcionária da seção de contabilidade e hoje dirige um programa de autoconfiança profissional. Como Martin toma conhecimento dos projetos nos quais deseja trabalhar? Uma ou duas vezes por mês, ela almoça com um colega do ramo, pois faz questão de manter um relacionamento com pessoas que realizam o mesmo tipo de trabalho que o seu ou no qual esteja interessada. "Quando se está envolvido em um projeto, é necessário ter um relacionamento forte e saudável com os colegas, sejam eles de dentro da empresa, sejam de fora. Sempre imagino que as pessoas que estão trabalhando comigo poderão um dia vir a ser minhas gerentes ou que eu possa me tornar gerente delas. É por isso que sempre cultivo os relacionamentos sociais."

Uma gerente com idéias avançadas do Mirage Hotel em Las Vegas iniciou uma simples atividade de mão dupla para estimular a comunicação entre a gerência e suas equipes. Todos os meses ela faz a seguinte pergunta: "O que posso fazer de melhor por vocês neste mês?" Depois de ouvir e anotar as idéias dos colaboradores, a gerente responde: "Excelente! Agora saibam de uma coisa que todos vocês podem fazer de melhor por nós neste mês." Essa técnica estabelece uma conexão entre todos os funcionários ao mesmo tempo em que se concentra em um contínuo aperfeiçoamento.

> **"Quando as empresas crescem, sua tendência é criar focos de burocracia que adoram produzir memorandos. Não gosto de escrever memorandos. Gosto de olhar as pessoas nos olhos e dizer: 'Vamos conversar.'"**
>
> Peter L. Scott, Presidente da Emhart

Tomar a iniciativa telefonando ou visitando pessoas sem aviso prévio e interagir com clientes em potencial é uma maneira testada e aprovada de fazer negócios que todos os profissionais de vendas valorizam. A editora de uma revista de negócios conta a seguinte história a respeito de uma consultora que lhe telefonou inesperadamente e conseguiu, por causa disso, um importante cliente.

"Essa mulher, que administrava uma empresa de recrutamento para redatores técnicos, entrevistou-me descrevendo oportunidades de emprego que estavam disponíveis. Quando falei sobre a minha formação, ela foi ficando cada vez mais impressionada com o que eu havia feito. Então, ajudou-me a refazer o meu currículo para que ele refletisse com mais clareza a minha capacidade e o meu talento. Apresentei-me para a entrevista sem saber ao certo se queria trabalhar com ela e saí totalmente convencida do que aquela consultora poderia fazer por mim e dos benefícios que isso acarretaria. Na verdade, o que ela fez foi reconhecer meus pontos fortes, e isso me levou a confiar nela e entusiasmar-me com as oportunidades apresentadas. Perguntei-me se todos os responsáveis pelas empresas de recrutamento se preocupavam em promover essa espécie de 'aumento da auto-estima', que era incrivelmente eficaz. Fazia seis anos que os meus supervisores diretos não me diziam nada agradável, mas me dirigiam muitas palavras duras. De repente, uma pessoa estava me dizendo que eu tinha talento, valor e que era muito importante para um empregador. Uau!"

Por conhecer a importância dos contatos e da interação com as pessoas em um novo emprego, Eileen Burke, primeira vice-presidente do grupo financeiro Fleet em Nova York, fez desse conhecimento a sua principal prioridade. Nos 30 dias que se seguiram à sua contratação, ela tomou a iniciativa de telefonar para pessoas que ocupavam cargos correspondentes ao seu em Boston e marcar uma série de reuniões informais. Em um desses encontros, Burke obteve uma informação crítica a respeito do seu superior imediato: a de que ele responde mais rápido a pedidos feitos verbalmente quando são acompanhados por me-

COMO FAZER COM QUE OS OUTROS O AJUDEM

Quando você tenta tomar a iniciativa, é inevitável precisar da ajuda dos outros. Consegui-la pode depender menos de sua posição e autoridade formais do que de sua estratégia e abordagem. Estas podem variar de um simples favor a convencer outras pessoas a aceitar uma prioridade sua como se fosse delas. Apresento a seguir algumas diretrizes:

- **Defina o que precisa ser feito.** Quanto mais específico você for na identificação da ajuda de que precisa e das tarefas a serem realizadas, maiores serão as suas chances de ser bem-sucedido. Metas obscuras produzem resultados confusos. Não deixe de incluir relatórios de acompanhamento e datas-limite quando definir os elementos de ação necessários.
- **Peça ajuda individual.** Quando solicitamos voluntários durante uma reunião, os colaboradores freqüentemente interpretam o pedido como "quem não tiver muito o que fazer pode trabalhar nisso". As suas chances de conseguir um voluntário nessa situação tendem a ser exíguas. No entanto, se você pensar em quem tem mais capacidade para executar determinada tarefa e depois pedir a ajuda específica dessa pessoa, a sua probabilidade de obter uma resposta positiva aumentará tremendamente. Por exemplo: "João, estou formando uma equipe para avaliar se devemos comprar um novo equipamento ou fazer um leasing desse produto. O seu conhecimento em análise financeira é crucial para que possamos tomar a decisão certa. Podemos contar com você?"
- **Agradeça a ajuda que receber.** Reconheça e agradeça a ajuda dos outros. A pessoa ficará com a impressão de que o tempo e a energia que ela empregou naquilo foram apreciados. Além disso, você poderá voltar a pedir-lhe apoio no futuro. As pessoas sentem-se felizes em auxiliar aqueles que dão valor ao esforço delas.

Se você se restringir às coisas que você pode fazer, seus resultados também serão limitados. Quando tiver uma boa idéia, analise-a e mostre aos outros como eles podem ajudar a alcançar o resultado desejado.

morandos concisos. Segundo a executiva, essa dica fez com que ela não precisasse ficar imaginando qual seria a melhor maneira de comunicar-se com seu supervisor. Isso mostra que nunca se tem idéia das boas coisas que podem acontecer quando tomamos a iniciativa.

"Pense na criatividade como tenacidade civilizada – é preciso defender suas idéias, educar seus colegas e recrutar aliados. Você também tem que estar disposto a rever os seus pontos de vista."

CLAR EVANS, Diretora do Creative Advisory Group, Hallmark Cards

Quando pensava em conseguir contratos para sua recém-criada firma de consultoria, Patti Koltnow sabia que novos clientes não iriam simplesmente bater à sua porta – ela teria que procurá-los. Koltnow recorreu às *Women's Yellow Pages* (Páginas amarelas das mulheres) e escolheu alguns nomes que considerou adequados aos seus objetivos. Telefonou, então, para essas mulheres bem-sucedidas, convidando-as a trocar idéias durante um almoço descontraído. Durante um desses encontros, a diretora do campus da USC, em Orange County, ofereceu a Koltnow um contrato como consultora de marketing para o miniprograma da escola de MBA para mulheres.

É impossível exagerar a importância de permanecer em contato com os colegas de trabalho, especialmente quando não fazemos parte das rotinas formais de reunião de uma empresa. Como ex-analista de fusões e aquisições em Wall Street, Brian Graham sabe o que é trabalhar por horas a fio. No entanto, agora que ele tem três filhos e começou a enfatizar mais a sua qualidade de vida longe do escritório, um de seus principais objetivos é descobrir atalhos no trabalho sempre que possível. Ele não comparece a reuniões de rotina, o que o deixa livre para trabalhar sem interrupções, mas mantém-se atualizado pedindo informações aos colegas. Graham diz o seguinte: "No meu caso, a chave é saber o que *não* fazer e sempre procurar o caminho para a resolução mais rápida."

Fazer uma apresentação interessante e inovadora pode tornar uma mensagem muito mais vibrante e aumentar bastante a probabilidade de que ela seja bem recebida. Foi exatamente isso que fez uma das equipes participantes de um seminário da Xaloy,. em Pulaski, Virgínia. O grupo entrou a galope na sala de apresentação montado em vassouras, como se estas fossem cavalos, e vestindo uniformes com um design autêntico dos estados confederados na Guerra da Secessão.

Aquela abordagem inusitada foi uma completa surpresa, até mesmo para o diretor executivo, Walter Cox. O funcionário que estava fazendo o papel do General Robert E. Lee chamou cada um dos oficiais e soldados e lhes pediu que organizassem relatórios. A equipe entrevistou profissionais de vendas e clientes e analisou revistas especializadas do setor. Além disso, apresentou um panorama do mercado e dos competidores, comparando qualidades e pontos fracos, bem como outros dados importantes. Segundo Cox, a apresentação foi excelente – engraçada e criativa, atingiu o alvo com precisão. "Ela foi especialmente marcante porque nenhum dos membros da equipe trabalhava na área de vendas ou de marketing. Todos, com exceção de um, estavam no setor de produção."

Uma idéia inovadora para conectar melhor o pessoal de campo e a área administrativa não veio da gerência, e sim de um funcionário que decidiu tomar a iniciativa. Leo

COMO SER INFLUENTE NAS REUNIÕES

A finalidade principal de uma reunião é conseguir as melhores idéias e opiniões de todos os presentes. Se você não manifestar suas idéias, ninguém lucrará nada com o seu comparecimento. Há algumas maneiras simples de exercer um impacto nas reuniões, como Roger Mosvich e eu mostramos em *We Have to Start Meeting Like This* (Temos que começar a nos reunir assim):

1. Exponha a idéia que você gostaria que o grupo analisasse. "Não tenho certeza de que deveríamos adotar essa conclusão com tanta rapidez."

2. Relacione a importância da idéia com a declaração anterior. "Uma recente enquete realizada pela revista *Fortune* parece desmentir diretamente o que acaba de ser dito a respeito dos valores dos homens de negócios americanos..."

3. Ampare a idéia com dados que a comprovem. "Três resultados destacam-se nessa pesquisa de opinião pública sobre os principais executivos americanos..." (Descreva as três informações e tire uma conclusão.)

4. Insira o comentário na discussão pedindo ao grupo que comente a seguinte afirmação: "Estas informações parecem ser igualmente válidas, mas estão em conflito com algumas das constatações do nosso grupo. Acho que elas limitam bastante as nossas conclusões anteriores. Todos vocês concordam com a declaração?"

Breshnahan, colaborador de uma firma de construção em Middlebury, Vermont, procurou o vice-presidente executivo, John Leehman, na reunião anual da companhia para seus 160 funcionários, queixando-se do seguinte: "Fazemos todo o trabalho de campo, enquanto as pessoas no escritório se divertem." Leehman decidiu responder a Breshnahan convidando-o a passar o dia vendo como o pessoal administrativo ganhava a vida. Segundo Leehman, a visita foi um momento decisivo para Breshnahan. "Ele agora sabe aonde ir para obter o que é necessário para executar melhor o seu trabalho, e há colegas seus fazendo a mesma coisa." Hoje em dia, um funcionário é escolhido todos os meses para percorrer os escritórios e os locais de construção da empresa para ter uma idéia melhor do que as pessoas fazem e de que maneira elas podem ajudar.

Cinco procedimentos que você deve evitar nas reuniões

1. Não convide para a reunião pessoas cuja presença seja desnecessária.
2. Não realize uma reunião sem uma programação.
3. Não comece a reunião com atraso.
4. Não se desvie do tema principal da reunião.
5. Não tolere um excesso de interrupções.

Uma das inovações mais importantes que ocorreram na Going Places, a segunda maior agência de viagens da Grã-Bretanha, foi um fórum consultivo para os cinco mil funcionários da empresa. No evento, criado por colaboradores regulares, eles discutem suas preocupações e interesses e trocam informações. As reuniões, promovidas seis vezes por ano, são presididas pelo diretor administrativo, Tony Bennett, mas não são abertas aos gerentes de linha. Nesses encontros, já foram apontados os mais diversos problemas: do estado medíocre de algumas lojas ao direito das funcionárias de ter um uniforme com calças compridas.

Entre outras inovações sugeridas pelos colaboradores nessas reuniões, e depois aceitas pela administração, estão o investimento de um milhão de libras em geladeiras, instalações próprias para cozinhar e cadeiras mais confortáveis para os funcionários cujo trabalho se intensifica no horário de almoço. Os fóruns têm tido um efeito claro e positivo em todos os aspectos de uma empresa que, segundo Bennett, "não tinha anteriormente estimulado os seus colaboradores a ser inovadores e tampouco pensado em recompensá-los quando eles o eram".

Os gerentes de uma das divisões da indústria de veículos aeroespaciais de Sunnyvale, Califórnia, passaram a fazer reuniões semanais de uma hora chamadas "reuniões apenas para gerentes", com o objetivo de melhorar a comunicação e a coordenação de esforços. Segundo um dos gerentes, esses encontros têm sido uma maneira extremamente bem-sucedida de entrar em contato com os tipos de problemas e fatos que acontecem nos laboratórios e dos quais eles nem sempre ouvem falar porque estão excessivamente envolvidos com as atividades diárias relacionadas com a administração de seu departamento.

Tomar a iniciativa de conferir um toque humano a um programa ajuda todos os participantes a extrair mais benefícios dele. Como gerente de projetos de um evento para a faculdade de administração da Universidade de Victoria, na British Columbia, Janice Seto tomou a iniciativa de criar uma cerimônia de encerramento muito especial. Em vez das costumeiras congratulações e apertos de mão, ela ofereceu a cada professor que subiu ao pódio uma caixa de chocolates de qualidade e uma nota de agradecimento escrita à mão. Os participantes ficaram emocionados quando discretamente compararam as notas e descobriram que todas eram diferentes. Seto diz o seguinte: "Estamos sempre recebendo cartas e bilhetes produzidos no computador nos quais o espaço reservado ao nome da pessoa é preenchido para amenizar o tom genérico da mensagem. Essa tática não funciona de jeito nenhum! Além disso, a escassez de textos escritos à mão faz com que os que recebemos sejam muito preciosos. Isso significa que alguém se preocupou o suficiente conosco durante três minutos, em vez dos três segundos necessários para imprimir a nota produzida pelo processador de texto." As pessoas gostam quando alguém toma a iniciativa de fazer algo especial por elas.

DICAS SOBRE COMUNICAÇÃO E INTERAÇÃO

1. Melhore a qualidade e não apenas a quantidade da sua comunicação. Mais comunicação não significa necessariamente uma comunicação melhor.

2. Comunique-se o mais rápido possível. Não espere que os problemas aconteçam; intercepte-os antes que eles tenham a chance de se desenvolver.

3. Descubra a maneira pela qual cada pessoa prefere comunicar-se. Algumas se expressam melhor por telefone, outras pessoalmente e outras, ainda, por e-mail.

4. Não seja um escravo da sua mesa de trabalho. Reúna-se e interaja com os outros no campo de atividade deles.

5. Mantenha-se em dia com a tecnologia. Nunca houve tantas formas de comunicação como hoje. Esteja sempre a par das últimas descobertas.

Como vender a sua imagem aos seus superiores

A palavra "administração" nos faz pensar em superiores dando ordens a subordinados. No entanto, a administração não está limitada a essa visão antiquada de como conseguir que as coisas sejam feitas em uma empresa. Os colaboradores podem comunicar suas idéias inovadoras, opiniões e decisões à esfera superior da companhia, ajudando assim seus supervisores e gerentes a fazer um trabalho melhor.

Uma pesquisa realizada pela Sydney Yoshiba para a divisão da British Columbia da Ford Motor Company revelou que somente 4% dos problemas de uma empresa podiam ser identificados pela administração superior. Contudo, quando eram incluídos a administração de nível intermediário, todos os supervisores e funcionários, essa proporção subia, respectivamente, para 9%, 74% e 100%. Existe muito espaço para que os colaboradores de todos os níveis ajudem seus supervisores e gerentes a realizar um trabalho melhor, aperfeiçoando nesse processo o desempenho da organização.

Outra dica: a empatia desempenha um grande papel na sua capacidade de vender a sua imagem. Tenha em mente que o seu supervisor pode estar sofrendo mais estresse e pressão vindos de cima (e de baixo) do que você imagina. Uma mensagem sincera, específica e oportuna que dá a entender que você aprecia determinada característica dele é bastante eficaz para reforçar o comportamento que você valoriza, além de contribuir para melhorar o ambiente de trabalho de modo geral. Domine a técnica de vender a sua imagem aos seus superiores e você terá um controle muito maior sobre o seu destino, tanto no emprego quanto fora dele.

Faça com que seus superiores conheçam suas idéias

- Anteveja as necessidades do seu gerente.
- Apresente soluções e não problemas.
- Trate as outras pessoas, inclusive o seu gerente, como se fossem seus clientes.

Bill Taylor, líder regional de equipe da CP em San Jose, Califórnia, pediu a um novo funcionário o seguinte: "Uma vez por mês, quero que entre no meu escritório e fale comigo a respeito das coisas magníficas que tem feito. Vou concordar porque você precisa ouvir isso de mim." Cerca de seis meses depois, no final de uma dessas reuniões, o colaborador afirmou: "Você está ficando muito bom no que faz!" Taylor teve que concordar, porque nunca havia se dado ao trabalho de agradecer a seus funcionários ou elogiá-los.

> "Para lidar com o seu supervisor, você precisa definir expectativas razoáveis, comunicar-se com sinceridade e usar o humor para amenizar conflitos."
>
> Deirdre Polson, Diretora de marketing da HomeShark

A Kentucky Housing Corp. (KHC), agência estatal de financiamento da casa própria, situada em Frankfort, Kentucky, oferece aos funcionários um período de folga remunerada para que eles trabalhem em projetos relacionados com a moradia. Essa licença, de caráter beneficente, permite que os colaboradores da KHC adquiram experiência prática trabalhando lado a la-

> **Definindo suas metas**
>
> O planejamento e a persistência são fatores fundamentais para garantir que você alcance as metas que definiu. Veja a seguir procedimentos que você deve ter em mente ao delineá-las:
>
> - Determine antecipadamente os benefícios das suas metas, tanto para si mesmo quanto para a empresa.
> - Esteja preparado para convencer os outros dos benefícios que elas vão proporcionar.
> - Seja paciente, porém persistente, enquanto caminha em direção às suas metas.
> - Acredite em si mesmo e na sua capacidade de atingi-las.

do tanto com os que recebem a residência quanto com os grupos que a fornecem. Dessa forma, eles colhem a recompensa de ajudar pessoas com necessidades de moradia e mantêm contato com as famílias beneficiadas pelo trabalho que fazem no escritório.

A idéia de conceder uma folga beneficente partiu de um funcionário da corporação que havia oferecido voluntariamente o seu tempo particular para ajudar a construir casas para famílias menos favorecidas. Ao perceber que esse tipo de trabalho gerava benefícios para as pessoas, a comunidade e a agência, ele expôs sua sugestão à gerência. Esta recomendou, então, com êxito, que a direção da KHC adotasse uma política de licença beneficente.

Andrea Rosen, gerente de vendas e marketing da Living Language, um selo da Random House, em Nova York, tem orgulho da maneira como toma a iniciativa no trabalho. Embora nem sempre seja fácil, ela percebe que, no final, seus esforços revelam-se bem-sucedidos e produtivos tanto para ela quanto para a empresa. No decorrer dos anos, Rosen tem usado uma estratégia em particular quando se prepara para a avaliação anual do seu desempenho: "Os colaboradores normalmente vão para a avaliação certos de que receberão o bônus anual. O bom atendimento, porém, é apenas um dos componentes da avaliação! Acredito que controlamos o nosso aumento/avaliação durante todo o ano e que precisamos tomar medidas para demonstrar o nosso valor."

COMO DIZER NÃO: UMA HISTÓRIA

Um aspecto fundamental no que se refere a ter o controle de sua vida é saber administrar o seu bem mais precioso: o tempo. Você precisa protegê-lo sabiamente para garantir que ele seja usado principalmente nos objetivos e atividades que lhe são importantes. As pessoas que não sabem se impor tendem a ser usadas por aqueles que sabem fazer isso.

Você costuma ter dificuldade em dizer não para os outros? Muitas pessoas têm, pois imaginam que se alguém lhes pede um favor é porque deve haver um bom motivo para isso, e procuram atendê-lo. Elas sentem-se lisonjeadas com a solicitação e consideram a possibilidade de um dia também precisarem de ajuda.

Quem não consegue dizer não acaba tendo que se esforçar desesperadamente para cumprir os compromissos que assume e freqüentemente abre mão das próprias prioridades, inclusive da família e dos amigos.

Meu momento decisivo ocorreu quando a minha apólice de seguro passou ao encargo de outro agente. A nova representante me telefonou e perguntou se poderíamos nos encontrar na semana seguinte. Consultei minha agenda, constatei que tinha tempo disponível e concordei com a reunião. No entanto, no dia marcado, me vi atrapalhado e perguntei a ela se seria possível transferir o encontro para a semana seguinte. Quando a agente concordou, senti que ela estava me fazendo um favor incrível. Contudo, o fato mais uma vez se repetiu e, sentindo-me meio envergonhado e meio culpado, implorei por outra mudança de data.

Rosen alcançou seu objetivo fazendo anotações em um diário. Todas as sextas-feiras, ela passa alguns momentos registrando os pontos positivos da semana – de uma grande venda que tenha feito a um fato ou sugestão importante que tenha apresentado em uma reunião. "Eu o chamei de 'o diário do sucesso'. É a melhor coisa que podemos fazer, porque é impossível nos lembrarmos depois de todas as nossas realizações. O tempo de casa não nos faz progredir nem nos proporciona o merecido reco-

Quando desliguei o telefone, perguntei aos meus botões: "Por que estou fazendo malabarismos para encaixar na minha programação uma pessoa que eu nem mesmo conheço, simplesmente porque ela pediu que nos encontrássemos? Por que estou permitindo que uma desconhecida controle o meu tempo?"

Telefonei para a agente e assumi de imediato a ofensiva. Qual o assunto que ela queria tratar comigo? Era necessário um encontro pessoal? De quanto tempo ela precisava? Ouvi as respostas e decidi ser firme: "Sinto muito, mas estou bastante ocupado no momento para poder me encontrar com você." Ela perguntou se o mês seguinte seria uma época mais apropriada para a reunião. Respondi decididamente que não e disse-lhe que entraria em contato se eu precisasse de algo.

Quando alguém lhe pedir que faça alguma coisa, não pergunte a si mesmo se você tem tempo, porque bem adiante na sua agenda certamente haverá um espaço em branco. Em vez disso, pergunte aos seus botões: "O que essa pessoa está pedindo é realmente importante para mim?" Se não for, não o faça!

Sem dúvida, se o pedido vier do seu supervisor, você talvez não tenha a mesma liberdade de ação que tem quando se trata de um conhecido ou colega. Ainda assim, você não precisa dizer automaticamente que sim. Explique ao seu supervisor o que você está fazendo no momento e deixe-o decidir se o que ele quer que você faça é mais ou menos importante do que as suas prioridades atuais. Talvez ele o ajude a delegar a alguém um dos seus projetos.

Saiba se impor e defender as suas prioridades. Ao fazer isso, você reabilitará a sua vida!

nhecimento, mas um plano bem elaborado e uma lista das conquistas que obtivemos propicia tudo isso."

Além disso, em vez de esperar ser convidada para participar das reuniões importantes da empresa, Rosen convida a si mesma. Ela pede permissão para participar, de modo que possa aprender com os executivos de nível mais elevado e também conhecer melhor os diferentes departamentos da companhia. "Fazer coisas desse tipo possibilitou que eu ampliasse meu conhecimento e crescesse. Como resultado direto das minhas iniciativas, fui convidada para trabalhar em uma comissão destinada a aumentar os lucros da empresa."

Segundo Marsha Shade, assistente administrativa da Baudville, empresa que produz softwares para formação de equipes, papéis e acessórios em Grand Rapids, Michigan, uma das maneiras pelas quais os funcionários podem determinar que idéias e soluções eles devem apresentar à gerência é "fingir" que a companhia na qual trabalham pertence a eles. A diferença na perspectiva decorrente da atitude "a empresa me pertence" estimula o colaborador a considerar-se fundamental para o sucesso do negócio.

Pensamentos motivadores como "se eu fosse o dono da empresa, faria o seguinte..." ou "se eu estivesse no comando, poderia..." podem levar um funcionário a pesquisar um projeto ou tarefa e apresentar sugestões construtivas para uma mudança. Pensar e agir como se a empresa lhe pertencesse o estimula a sonhar alto, a prestar atenção nos detalhes, a enxergar além do seu

> "Quero que os operários vão para casa à noite e digam: 'Eu construí aquele carro.'"
>
> PEHR G. GYLEENHAMMAR, Presidente da Volvo

setor no negócio e a ver a imagem mais ampla da companhia. Se "a empresa é sua", como funcionário você terá muito a ganhar tomando providências para que a maneira como faz o seu trabalho ajude a "sua empresa" a ser bem-sucedida.

Vender a sua imagem pode ser algo muito simples, assim como dizer a coisa adequada para a gerência na hora e no lugar certos. Em uma reunião de funcionários, Jennifer Lawton,

Como lidar com seu supervisor

De acordo com a escritora Marie-Jeannie Julliand, existem cinco maneiras fundamentais de administrar o supervisor:

1. Apresentar soluções e não reclamações. Queixar-se de um problema ou culpar alguém por algo que deu errado faz com que o supervisor fique na defensiva. Em vez disso, diga-lhe que você reconhece que ele recebe pressões externas e, a seguir, apresente uma solução que funcione para ambos.
2. Pedir desculpas. Se você cometer um erro, admita que está errado. "Trata-se de uma atitude que impressiona muito e costuma desarmar os gerentes, uma vez que é bastante rara", diz Jeffrey Pfeffer, escritor e professor de administração de Stanford. Depois de se desculpar, retome o assunto do jeito produtivo sugerido no item 1.
3. Permanecer no centro do fluxo de informações. Faça questão de manter-se atualizado nas áreas das quais seu supervisor precisa de informações. Isso lhe dará uma boa vantagem no seu relacionamento com ele.
4. Elogiar. Felicitar seu chefe com cumprimentos sinceros pode resultar em surpreendentes recompensas.
5. Formar alianças. Outros gerentes da empresa podem ser capazes de atuar como mentores e oferecer-lhe valiosas informações sobre como lidar com o seu supervisor.

diretora executiva da Net Daemons Associates em Woburn, Massachusetts, anunciou que pretendia fazer a companhia crescer de 100 a 200% no ano seguinte. Embora esse tipo de crescimento possa ter parecido uma meta magnífica para ela, alguns dos colaboradores da empresa, que ficariam sobrecarregados por ter que trabalhar longas horas debaixo de um grande estresse e com recursos limitados, não se sentiram nem um pouco entusiasmados. Preocupado com o impacto negativo que um crescimento dessa magnitude poderia causar na companhia, um engenheiro tomou a iniciativa e questionou o percentual. Lawton conversou longamente com os profissionais a respeito da sua estimativa e acabou reduzindo a projeção para uma faixa de 80 a 100%. Ela disse o seguinte: "A pergunta fez com que eu pensasse no crescimento com a perspectiva de um engenheiro." Assim, decidiu empreender um processo de crescimento mais realista para não correr o risco de criar atrito com seus funcionários.

Quando o marido lhe disse que queria se mudar para Knoxville, no Tennessee, para expandir o negócio da família (uma loja de produtos de Natal), Carolyn Fairbank, gerente de programas da American Management Systems (AMS) em Fairfax, Virgínia, fez uma proposta para o seu supervisor. Ela queria continuar na empresa e montaria um escritório na sua casa em Knoxville, usando o telefone, o fax e um computador conectado ao escritório central. O gerente concordou. Em vez de comprometer a carreira por ter se afastado fisicamente do seu local de trabalho, Fairbank galgou os degraus da companhia, trabalhando de uma forma eficaz e independente em seu escritório em casa. Hoje ela é a principal responsável pelos serviços financeiros da AMS, e recebeu sua segunda promoção importante no mesmo mês em que se mudou para o Tennessee.

Ao ser incumbido pela administração do Citicorp/Citibank de treinar 1.700 funcionários em um novo tipo de tecnologia, John Rogener, diretor de programas de treinamento de serviços de transação, sentiu que o projeto não seria eficaz – os colaboradores não iriam aprender o necessário para realizar um trabalho bem-feito. Então, convenceu a administração superior de uma idéia que, na opinião dele, era bem melhor. Em vez de treinar de uma só vez 1.700 profissionais, ele implementaria um treinamento diversificado em menor escala e também o desenvolvimento de serviços de apoio aos clientes. Seu plano surtiu excelentes resultados. Rogener diz o seguinte: "Temos que acreditar em nós mesmos. Precisamos ser responsáveis pelas nossas decisões em vez de deixar que as instituições determinem o que vamos fazer."

> **"Existe uma diferença entre atacar uma decisão e atacar o homem que tomou a decisão."**
>
> MAURICE S. TROTTER, Universidade de Nova York

Embora o setor bancário seja famoso pelo seu conservadorismo, Brian Bush, funcionário da sucursal do BankBoston em Hartford, Connecticut, achou que seria bom para a instituição apoiar uma causa social progressista. Ele convenceu o empregador a patrocinar um evento da comunidade lésbica, homossexual, bissexual e transexual e daqueles que a apóiam – o Connecticut Pride Festival. O banco concordou, reforçando assim seu compromisso de atender todos os membros da variada comunidade na qual atua. E, graças a essa iniciativa, conquistou um grande número de novos clientes.

O pai de Janice Seto sempre comprou leite integral para o restaurante da família, o Coronation, em Ontário, Canadá.

Certo dia, Janice notou que o leite semidesnatado era mais barato e sugeriu ao pai que o experimentassem. Ele não concordou, argumentando que as tortas não ficariam tão boas. Mesmo assim, Janice decidiu encomendar o leite semidesnatado sem dizer nada ao pai. Ela continuou a fazer isso durante um mês e depois abriu o jogo. Àquela altura, os resultados falavam por si mesmos, ou seja, as tortas do restaurante continuavam excelentes e a mudança proporcionou uma grande economia.

Noventa dias após ser contratado, Stewart Gray, especialista em apoio técnico da Baudville em Grand Rapids, Michigan, recebeu a incumbência de testar uma versão atualizada de um software, usando uma série de diretrizes superficiais fornecidas pela gerência. Ele preferiu não se limitar a essas informações e decidiu fornecer um feedback a respeito de todos os aspectos do aplicativo. Informou o gerente do seu departamento sobre como se sentia a respeito da versão atualizada do software e o que achava que poderia melhorá-lo, uma atitude que encantou o seu superior. Poucas semanas depois, Gray compareceu à reunião mensal da companhia e ficou extremamente surpreso ao saber que receberia uma bonificação muito generosa.

"A iniciativa é o combustível que alimenta o sucesso. Podemos ter dois funcionários com uma habilidade cognitiva idêntica, mas aquele que toma a iniciativa de ultrapassar paradigmas alcança mais sucesso. Como gerentes, precisamos estimular a iniciativa dos colaboradores. Essa atitude possibilita que o membro da equipe torne-se um empreendedor, assumindo a responsabilidade pela tarefa que tem diante de si. Isso funciona para os meus colaboradores e para o ambiente no qual trabalhamos."

STEVE DEATRICK, da Internet

Como estabelecer um relacionamento sólido com seu supervisor

- Tome medidas para solucionar possíveis problemas antes que eles aconteçam.
- Esteja disposto a enfrentar novos desafios.
- Não seja uma pessoa que sempre diz sim. Comunique-se diplomaticamente o tempo todo, porém com franqueza e honestidade.
- Não tente esconder as más notícias.
- Anteveja as necessidades da sua empresa e do seu supervisor, e aja para atendê-las.

"Aquela expressão de reconhecimento motivou-me a continuar a tomar a iniciativa sempre que eu achasse que poderia fazer a diferença com novas idéias e pontos de vista."

OS SEGREDOS DE VENDER A SUA IMAGEM AOS SEUS SUPERIORES

1. Faça seu superior parecer um herói. Quanto melhor você fizer isso, melhor será a impressão que o seu departamento e o seu supervisor causarão nos altos escalões da empresa.

2. Não seja tímido. Diga ao seu supervisor o que tem em mente; não tente fazer com que ele adivinhe.

3. Seja proativo. Anteveja os problemas e resolva-os no seu nível antes que eles se tornem problemas maiores que somente o seu superior poderá solucionar.

4. Seja o seu melhor advogado. Aprenda a apresentar de uma maneira clara e convincente o que você deseja que o seu supervisor faça por você: pode ser um aumento, uma promoção, mais responsabilidade ou autoridade. Defenda o seu ponto de vista com fatos e provas concretas e não com a emoção.

5. Peça a ajuda de outras pessoas. A quantidade faz a força. Quanto maior o número de pessoas que você conseguir influenciar com o seu ponto de vista, maiores as suas chances de vê-lo implementado.

O trabalho em equipe

O segredo das equipes eficazes é a *iniciativa*: funcionários que estão dispostos a trabalhar juntos para realmente fazer a diferença na empresa. Segundo David Ehlen, diretor executivo da Wilson Learning, uma firma de treinamento gerencial em Eden Prairie, Minnesota, "o avanço no novo mundo das equipes nos negócios é medido não somente pela contribuição individual, mas também pela capacidade de colaboração de cada membro do grupo".

No entanto, embora esses grupos de colaboradores possam efetivamente ser um fator fundamental no sucesso de qualquer organização, o simples fato de formá-los não é uma garantia de que um trabalho produtivo será executado. Na verdade, muitas equipes, sobretudo aquelas às quais a gerência recusa-se a conceder autoridade ou autonomia significativa, acabam desperdiçando uma grande quantidade de horas e dinheiro para, finalmente, apresentarem idéias que são imediatamente colocadas na prateleira ou arquivadas.

O centro de saúde St. Mary's em St. Louis, Missouri, passou por uma total e completa reforma na qual uma nova sala de emergência foi projetada e construída. No entanto, em vez de contratar uma firma externa para elaborar o novo projeto, uma equipe de funcionários da sala de emergência encarregou-se da tarefa. Durante o processo, que durou um ano, esses colaboradores solicitaram informações aos pacientes e construíram mo-

O perfil do membro de equipe ideal

- Ter regras e expectativas claras.
- Concordar com o seu propósito.
- Comprometer-se a progredir.
- Ouvir mais do que falar.
- Demonstrar que está feliz por ajudar.
- Apresentar-se como voluntário para tarefas difíceis ou inusitadas.
- Esforçar-se ao máximo para ajudar os colegas, oferecendo-se para substituí-los quando estiverem doentes ou em férias.

delos de salas completas com figuras recortadas de equipamentos em tamanho natural que podiam ser movidas de um lado para o outro para testar diferentes configurações do andar. Além disso, experimentaram cada equipamento antes de considerá-lo em perfeito estado.

Segundo Marianne Fournie, diretora clínica do departamento de emergência da instituição, a equipe não solicitou nenhuma mudança na sala de emergência desde a sua reconstrução. Além disso, como o novo espaço foi projetado especificamente para atender o processo da emergência, o St. Mary's passou a oferecer um ambiente muito melhor para pacientes e funcionários. Após a reforma, o tempo médio de permanência de cada paciente na sala foi reduzido em nada menos do que 100 minutos; e a equipe de colaboradores que a projetou recebeu, em 1997, um prêmio do governo do estado.

Uma unidade de engenharia civil da Tennessee Valley Authority (TVA) era responsável por examinar mensalmente cerca de 100 sirenes de alerta em uma usina nuclear. A tarefa exigia monitorar cada sirene com um equipamento eletrônico para garantir que todas haviam de fato soado. Quando uma segunda usina foi inaugurada, justamente em uma época em que as contratações estavam congeladas, a empresa solicitou ao mesmo grupo que verificasse um total de 205 sirenes, ou seja, 105 unidades a mais. Por iniciativa própria, a equipe desenvolveu uma programação para fazer o trabalho e também um sistema destinado a simplificar os relatórios necessários. Após implementar o plano, o grupo não perdeu uma data-limite durante os dois anos seguintes, ocasião em que foi instalado um sistema automático de verificação das sirenes.

Os funcionários de uma equipe de montagem da Monarch Systems em Miamisburg, Ohio, criaram por conta própria um processo mais eficiente quando se viram diante de um prazo-limite para montar um leitor de código de barras que pesava um quilo. Eles sabiam que era simplesmente ridículo continuar a montar o produto em uma esteira transportadora mecânica. Com a eliminação da esteira e a instalação de uma área de trabalho, eles puderam ficar de frente uns para os outros e simplesmente passar o produto de mão em mão. Também passaram a poder falar uns com os outros e ajudar aqueles que ficavam para trás. No final daquela etapa, eles tinham reduzido em 70% a metragem quadrada da área de montagem, cortado em 127 mil dólares o inventário de produtos em processamento e reduzido em 90% o atraso na expedição de mercadorias, além de terem duplicado a produtividade.

Depois que 80% dos funcionários de um dos departamentos do First National Bank de Chicago demonstraram insatisfação com o trabalho que estavam executando, uma equipe de colaboradores se juntou para resolver o problema. Após se reunir uma hora por dia durante dois meses, o grupo recomendou

DECIDINDO O QUE É IMPORTANTE

Sempre que você decidir tomar a iniciativa no trabalho, é importante comparar o impacto dessa atitude com todas as alternativas disponíveis. Enquanto algumas iniciativas podem provocar um tremendo efeito no resultado líquido da empresa, outras podem ser quase insignificantes no que se refere aos interesses da companhia ou dos colegas de trabalho. Use as seguintes diretrizes enquanto decide no que você deve concentrar seus esforços:

- Que impacto a sua iniciativa poderá exercer na missão, no resultado líquido ou nos objetivos estratégicos da empresa? Classifique suas iniciativas de acordo com a intensidade com que elas contribuem para aumentar a receita e o lucro da companhia. Se você trabalha para uma organização sem fins lucrativos, prefira as soluções que sejam capazes de ajudá-lo a realizar a missão da empresa a um custo mais baixo e da maneira mais conveniente possível. As iniciativas que melhoram as condições de trabalho também são importantes porque resultam em um melhor desempenho financeiro.
- A urgência não é necessariamente sinônimo de importância. Avalie primeiro suas tarefas urgentes em termos de sua importância relativa e verifique se, de fato, elas se encaixam na programação global das suas responsabilidades. Somente então comece a agir.
- A sua iniciativa é de responsabilidade de outra pessoa? Embora você possa se ver tentado a tomar a iniciativa, em alguns casos é melhor deixar que esse esforço seja feito pelo profissional responsável pelo produto, serviço ou processo particular com o qual você deseja lidar. Se for esse o caso, apresente suas idéias ou manifeste suas preocupações à pessoa e permita que ela toque o assunto a partir daí.

que o departamento transformasse tarefas fragmentadas em atribuições completas. A gerência concordou em implementar as sugestões e, como resultado, a satisfação e o desempenho dos funcionários aumentaram enormemente.

A boa equipe preocupa-se com os seus membros

- Não procurem os erros: ajudem seus colegas a acertar.
- Descubram maneiras de fazer com que novas idéias funcionem em vez de razões pelas quais elas possam não dar certo.
- Quando em dúvida, realizem uma verificação. Não façam suposições negativas.
- Ajudem-se mutuamente a vencer e sintam orgulho da vitória uns dos outros (falem sempre em nós, nosso e não em eles, deles).
- Sempre que tiverem oportunidade, falem bem uns dos outros e da empresa.
- Mantenham uma atitude mental positiva, independentemente das circunstâncias.
- Ajam com iniciativa e coragem, como se tudo dependesse de vocês.
- Façam tudo com entusiasmo, porque esse sentimento é contagiante.
- Ofereçam primeiro aos outros qualquer coisa que queiram receber, como poder, respeito, entusiasmo, compaixão, reconhecimento. Tudo o que vai volta.

Em muitas empresas, sistemas, procedimentos, processos e relatórios prosseguem anos a fio sem serem questionados. Na verdade, a explicação "isso sempre foi feito desta maneira" deve ser um alerta para qualquer funcionário que a escute. Na Ameritech, uma firma de telecomunicações sediada em Chicago, Illinois, uma empreendedora equipe financeira, disposta a eliminar a burocracia inútil da empresa, apresentou uma proposta à gerência para poder entrar em ação. Com o apoio da administração e munido de uma pilha de relatórios, o grupo botou o pé na estrada para visitar os principais escritórios da companhia. Ao chegar às cidades, a equipe do escritório central perguntava diretamente aos gerentes da área durante as reuniões: "Você realmente precisa deste relatório?" Alguns relatórios foram considerados

COMO SE TORNAR UM BOM MEMBRO DE EQUIPE

Como membro de uma equipe, você pode fazer uma escolha: ficar esperando que alguém o estimule a entrar em ação ou incentivar a si mesmo. Você tem dentro de si o poder de participar ativamente com a intensidade que desejar. Tudo é simplesmente uma questão de tomar a iniciativa, manifestar-se e envolver-se nas discussões e atividades do grupo. Conheça algumas dicas que o ajudarão a tornar-se um bom membro de equipe.

- Dedique-se totalmente à equipe e às metas estabelecidas.
- Desempenhe um papel ativo e ajude a definir as metas.
- Use suas habilidades para complementar as dos outros membros do grupo.
- Assuma a responsabilidade pelo progresso de todos.
- Esteja disposto a fazer o papel de advogado do diabo quando necessário.

úteis, outros consolidados e muitos simplesmente foram eliminados. A equipe descobriu que um funcionário bem-intencionado e esforçado passava cinco dias por mês preparando e distribuindo um relatório que ninguém lia! Com a iniciativa desses colaboradores, a Ameritech calcula ter eliminado a produção e a circulação de mais de 6 milhões de páginas de relatórios por ano.

Respondendo à exigência da empresa de se tornar mais produtiva e reduzir defeitos de produtos, uma equipe autogerenciada de melhora de procedimentos da ABB Industrial Systems em Columbus, Ohio, iniciou um novo programa que exigia que os fornecedores correspondessem aos padrões de excelência. O grupo analisou cada fornecedor em vários aspectos do seu desempenho. Os que obtiveram uma classificação baixa não voltaram a ser usados; os que alcançaram uma boa avaliação foram convidados a trabalhar com a equipe da ABB para reduzir o período do ciclo de produção e aumentar a satisfação dos clientes. As melhoras resultantes no desempenho dos fornecedores tornaram possível eliminar futuras inspeções no material recebido.

Durante algum tempo, defeitos nos elevadores que levavam a comida dos caminhões para as cozinhas dos Boeings 747 da United Airlines estavam criando uma série de problemas para os funcionários e causando atrasos nos vôos da companhia. Uma equipe de colaboradores tomou a iniciativa de desenvolver projetos de engenharia e um plano completo para redesenhar e instalar os circuitos nos elevadores. A ação do grupo foi bem-sucedida, reduzindo as falhas nos elevadores e, conseqüentemente, os atrasos dos vôos.

Na General Motors, uma equipe de funcionários inovadores reuniu-se em uma fábrica de montagem em um feriado e projetou um método de ligar e desligar os ventiladores de secagem na área de pintura dos veículos. O novo método proporcionou uma economia de 160 mil dólares por ano em custos com energia, além de melhorar o serviço de pintura.

Normalmente, a resposta "porque sempre fizemos dessa maneira" é suficiente para jogar água fria na iniciativa ou na intenção inovadora de qualquer funcionário. Durante anos, a Delco-Remy, fabricante de peças de automóvel, pagou impostos sobre a venda de produtos que deveriam ser isentos de tributação. Certa de que a empresa estava pagando impostos excessivos e percebendo que havia uma oportunidade de fazer com que ela obtivesse uma economia substancial, uma equipe de contadores identificou o problema por conta própria e desenvolveu soluções. Como resultado, o grupo proporcionou à companhia uma economia de 700 mil dólares.

Os operários da principal fabricante e distribuidora de produtos para construção nos Estados Unidos, a Atlanta's Georgia-Pacific, criaram uma nova fonte de receita tomando a iniciativa de sugerir que a serragem da serraria fosse vendida a viveiros de plantas como substituto da palha usada para proteger as raízes do frio e da seca.

Uma equipe de funcionários da fábrica da Ford em Wayne, Michigan, reuniu-se para encontrar soluções que levassem à redução do custo anual de aquisição das luvas de proteção usadas pelos operários que lidam com vidro e metal laminado. O grupo descobriu uma maneira de lavar as luvas, e assim elas passaram a ser usadas mais de uma vez. Essa idéia simples, porém eficaz, fez com que a Ford economizasse 115 mil dólares por ano.

DICAS PARA O TRABALHO EM EQUIPE

1. Procurem a diversidade. As equipes mais produtivas têm integrantes de todos os níveis da empresa.

2. Escolham pessoas que complementem as habilidades e o conhecimento umas das outras. Convoquem membros que tenham um ponto de vista a oferecer à equipe e que preencham lacunas na experiência dos outros.

3. Apóiem os colegas: "Um por todos e todos por um."

4. Construam a camaradagem. Encontrem-se fora do local de trabalho ou reúnam-se para atividades de lazer.

5. Comemorem seus sucessos. Alcançar as metas é o motivo pelo qual vocês formaram a equipe! Dêem uma festa ou façam outro tipo de comemoração para incentivar os esforços de todos.

Além do esperado

Todos estamos familiarizados com histórias de pessoas que ultrapassaram o papel do típico colaborador e ofereceram a um cliente um serviço bem além de suas expectativas. Com freqüência, essas histórias são imortalizadas nas empresas, às vezes se tornando a base de premiações formais. Elas também são alguns dos exemplos mais produtivos que existem da iniciativa dos colaboradores. Ir além do esperado significa que você está *agindo* a partir da iniciativa. No entanto, para ultrapassar as expectativas, você não precisa necessariamente praticar um ato extraordinário de heroísmo empresarial. Na verdade, a iniciativa pode ser definida como extrapolar a descrição do cargo ocupado e pode simplesmente significar a disposição de trabalhar um pouco mais durante uma época movimentada do ano ou de assumir mais responsabilidades. As recompensas dessa atitude costumam ser tangíveis. Uma das perguntas de uma pesquisa realizada com executivos era a seguinte: "Na sua opinião, qual a melhor maneira de um funcionário obter uma promoção e/ou

O serviço fora de série

- Entregue mais do que você prometeu.
- Apresente um trabalho melhor do que o anterior.
- Procure imaginar o que daria um grande prazer a outra pessoa (seu supervisor, cliente ou colega).
- Reveja a descrição das suas atribuições e tome a decisão de rotineiramente ir além delas.

um aumento?" Liderando a lista, a resposta de 82% dos entrevistados foi: "Pedir mais trabalho e responsabilidade."

Para a IntroKnocks, uma companhia de cartões comemorativos em Nova York, as datas festivas são sinônimo de tumulto. Centenas de clientes telefonam para encomendar cartões, verificar a situação do pedido que fizeram ou solicitar um catálogo. No dia 23 de dezembro, Iveliesse Garcia, uma jovem mãe solteira que mantém o escritório funcionando, chegou ao trabalho uma hora e meia mais cedo, como de costume, e encontrou um fax com uma estranha solicitação: "Prezados amigos, sei que deveria ter feito o pedido dos cartões de Natal semanas atrás, mas esqueci, e meu gerente quer que eu os envie hoje. Ele é um tirano furioso! Se eu não fizer o que ele quer, vou ser demitida! Ajudem-me, por favor!"

Garcia telefonou para a cliente e perguntou quantos cartões precisariam ser remetidos pelo correio. A reposta foi "cerca de 400". Primeiro, Garcia pediu à mulher que lhe enviasse por e-mail um arquivo com todos os nomes e endereços. Ela, então, os imprimiu em etiquetas adesivas. Em seguida, montou o texto personalizado em um cartão de Natal que a cliente havia escolhido, depois imprimiu a mensagem nos 400 cartões, colocou-os dentro dos envelopes, pôs o selo, colou as etiquetas e conseguiu despachá-los ao meio-dia. Quando Garcia telefonou para a cliente que tinha "pisado na bola" para dizer que tudo havia sido feito, a mulher não conseguiu acreditar e perguntou: "Como você fez tudo isso sozinha?" Garcia respondeu: "Você não faz idéia do que é ser mãe solteira!"

Embora o imigrante ucraniano Vladimir Moskalenko, de San Ramon, Califórnia, fosse sócio de uma empresa de cartografia com 350 funcionários em Kiev, ele teve que aceitar o emprego de zelador de uma escola para poder sustentar a família no seu novo país. No entanto, em vez de se afligir por causa da perda do status social, Moskalenko dedica-se ao novo cargo com fervor, pois está determinado a fazer o melhor trabalho possível; assim, toma a iniciativa sempre que pode. É claro que ele varre o chão e limpa a bagunça habitual, mas também joga xadrez com um gênio da sexta série antes que as aulas comecem pela manhã e discute literatura com os administradores da instituição. A diretora da escola, Wendy Sparks, sempre encontra pequenas surpresas, como uma prateleira nova para um professor ou ganchos para pendurar o guarda-chuva dos funcionários. Diz Moskalenko: "Quando começo o meu trabalho, ajo como se fosse o dono da escola. Se vejo coisas quebradas, não peço a ajuda de ninguém – eu mesmo as conserto." A iniciativa de Moskalenko e o seu desejo de ser o melhor zelador possível lhe proporcionaram a conquista do prêmio "Funcionário do Ano de 1998", da Câmara de Comércio de San Ramon.

No jornal *Enterprise*, de Los Banos, Califórnia, os funcionários recebem um prêmio por terem utilizado todos os recursos disponíveis e ido muito além das atribuições dos cargos que ocupam. Entre os ganhadores do respeitado troféu – um vaso de flores no qual está plantado um desentupidor de pia – figuram um colaborador do departamento de composição que estava em casa e voltou para a empresa, dirigindo durante 40 minutos, para corrigir uma falha no computador que estava atrasando a produção do jornal; um representante de vendas bilíngüe que tomou a iniciativa de incluir no jornal uma seção em espanhol uma vez por mês (e que a partir de então vem duplicando de tamanho todos os meses); e dois funcionários do depósito que se ofereceram para trabalhar seis horas adicionais quando uma prensa tipográfica apresentou um defeito. Toda a equipe recebeu o prêmio quando, durante uma grave falta de funcionários do departamento editorial, todos os colaboradores contribuíram escrevendo histórias e trabalhando até tarde da noite para que o jornal ficasse pronto. A editora Rhonda Lowe diz o seguinte: "O empolgante é que as pessoas receberam o prêmio em reconhecimento a pequenas e grandes contribuições."

> **"Administrar não significa realizar todo o trabalho sozinho nem dizer às pessoas tudo o que elas devem fazer, e sim levar a equipe a tomar decisões por si mesma e considerar novas perspectivas."**
>
> AMANDA LATHROUM, Gerente de serviços de software da Netscape Communications

Em 1998, Ileana Suchta, funcionária da empresa de cosméticos Mary Kay, estava trabalhando 16 horas por dia na inscrição de consumidores no programa "Clientes Preferenciais do Verão". Além disso, atuava como voluntária nos sistemas de operação de telefone da companhia. Mesmo assim, ela encontrou tempo para servir de exemplo para 12 moças que precisavam de orientação. Em cima da hora, Suchta recebeu uma solicitação para que a Mary Kay, sediada em Dallas, Texas, patrocinasse a visita de um grupo de adolescentes grávidas às instalações da empresa, de modo que as jovens pudessem acompanhar de perto os funcionários em um dia típico de trabalho. Suchta ficou muito animada com a oportunidade e pessoalmente tomou providências para que as adolescentes passassem meio dia conhecendo o escritório, o museu, os sistemas telefônicos e as tecnologias dos sistemas de informação da companhia. Ela também organizou um almoço do grupo com mães que trabalham na Mary Kay.

COLOQUE-SE NO LUGAR DO CLIENTE

Um dos aspectos fundamentais da capacidade de tomar a iniciativa para ajudar um cliente é colocar-se na posição dele – entender realmente quais são seus desejos e necessidades é essencial para atendê-lo bem. No entanto, quanto mais tempo você tem de casa, maior a probabilidade de você deixar de sentir empatia pelo cliente. Veja algumas maneiras de manter ativo o seu interesse pelo cliente:

Preste atenção quando você for o cliente. Todos somos clientes na maioria das situações da vida. Fique atento a como você é tratado como consumidor. Quem lhe dá uma atenção irrestrita e o faz sentir-se bem recebido? Como você reage a esse tipo de tratamento? Sempre que possível, pergunte a pessoas que oferecem um serviço excepcional aos clientes como elas conseguem fazer isso. O que mantém ativa a forma como elas lidam com os consumidores?

Pense a respeito do que seria importante se você fosse o cliente. Ao lidar com o cliente, procure colocar-se na situação dele. Sempre que possível, pergunte-lhe como você deveria agir para ajudá-lo a resolver o problema. Seja proativo: tente determinar e experimentar várias soluções e situações para aumentar a probabilidade de satisfazer as necessidades dele. Imagine-se fazendo algo que você nunca fez para auxiliá-lo. Empenhe-se em seguir esse raciocínio até o fim e prestar um atendimento eficiente.

Divirta-se com o cliente. Concentre-se em apreciar o seu trabalho e desfrutar da sua interação com os clientes. Sempre que possível, diversifique a maneira como executa a sua atividade. Mantenha-se atento quando estiver lidando com as pessoas.

Em Orange, Connecticut, o gerente da loja da Home Depot recebeu um telefonema de uma cliente que pouco tempo antes se vira presa a uma cadeira de rodas sem poder sair de casa. Ela não estava conseguindo manobrar a cadeira para descer a escada da frente da casa e queria saber onde poderia encontrar um carpinteiro. Preocupado com o bem-estar da cliente, Royster tomou a iniciativa de doar todo o material e mão-de-obra neces-

Características das pessoas de grande iniciativa

Segundo Robert Kelley, autor de *Como brilhar no trabalho*, os grandes mestres da iniciativa fazem o seguinte:

- Procuram assumir responsabilidades que estão bem além das esperadas na função que desempenham.
- Empreendem um esforço adicional em benefício dos colegas de trabalho ou da empresa como um todo.
- Atêm-se obstinadamente a uma idéia ou projeto, e seguem-no até que seja implementado com sucesso.
- Correm de bom grado um certo risco pessoal ao assumir novas responsabilidades.

sários para a construção de uma rampa na residência dela. Além de ajudá-la, ele aproveitou a oportunidade para ensinar os colegas da loja a construir uma rampa.

A divisão Pontiac da General Motors recebeu a seguinte reclamação: "Esta é a segunda vez que estou escrevendo para vocês, e não os culpo por não me terem respondido, porque sei que pareci meio maluco. De qualquer modo, o fato é que temos uma tradição na nossa família de tomar sorvete na sobremesa todas as noites após o jantar. O sabor do sorvete varia; assim, terminada a refeição, fazemos uma votação para escolher o sorvete; então, vou até a sorveteria para comprá-lo. Também é fato que recentemente adquiri um novo Pontiac e, desde então, as minhas idas à sorveteria tornaram-se problemáticas. Todas as vezes que compro sorvete de baunilha, o carro não pega quando eu saio da loja. Se compro qualquer outro sabor, o carro não apresenta problemas. Quero que vocês saibam que a minha queixa é séria, por mais ridícula que possa parecer: por que o Pontiac não pega quando compro sorvete de baunilha e pega sem problemas quando compro outros sabores?"

O presidente da Pontiac GM mostrou-se compreensivelmente céptico com relação à carta; mesmo assim, decidiu enviar um mecânico especializado para verificar o problema. Um homem bem-sucedido, claramente bem educado, que morava em um excelente bairro, recebeu o funcionário da GM. Este combinara com o cliente que chegaria à casa dele logo após o jantar, e assim os dois entraram no carro e foram até a sorveteria. Era noite de sorvete de baunilha e, exatamente como o homem descrevera na carta, o carro não pegou. O mecânico voltou outras três noites. Na primeira noite, o homem comprou sorvete de chocolate e o carro pegou. Na segunda noite, de morango, e o carro pegou novamente. Na terceira noite, ele pediu sorvete de baunilha... e o carro não pegou.

O mecânico, que era uma pessoa sensata, recusou-se a acreditar que aquele automóvel pudesse ser alérgico a sorvete de baunilha. Assim, tomou a decisão de continuar as visitas até conseguir resolver o problema. Para alcançar seu objetivo, começou a fazer anotações, registrando os mais diversos tipos de dados: a hora, o tipo de combustível utilizado, a duração dos percursos de ida e de volta, etc.

Em pouco tempo, ele obteve uma pista: o cliente levava menos tempo para comprar o sorvete de baunilha que o de qualquer outro sabor. Por quê? A resposta estava no layout da loja. O sorvete de sabor baunilha, por ser o mais popular, ficava em um recipiente separado na frente da sorveteria para que os clientes pudessem se servir com mais rapidez. Os sorvetes de todos os outros sabores eram mantidos na parte de trás da loja, e o tempo necessário para que o sabor escolhido fosse encontrado e a mercadoria despachada era muito maior.

O desafio agora para o mecânico era descobrir por que o motor não pegava sempre que o homem levava menos tempo para voltar. Quando o problema passou a ser o tempo, ele rapidamente descobriu a resposta: uma obstrução no fluxo normal do combustível causada por uma bolsa de vapor de gasolina que se mantinha enquanto o motor estava quente. Acontecia todas as noites, mas os minutos adicionais que o cliente levava para comprar os outros sabores possibilitavam que o motor esfriasse o suficiente para poder pegar. Quando o homem comprava sorvete de baunilha e voltava para o carro, o motor ainda estava quente demais para que a pressão do vapor se dissipasse.

Depois de ser informado por um fabricante de computadores de que o prazo necessário para montar e entregar dois laptops que ele precisaria ter nas mãos até as 12 horas do dia seguinte seria de três semanas, o profissional responsável por todo o show de vídeo da turnê "Bridges to Babylon", dos Rolling Stones, ficou desesperado. Ele resolveu, então, telefonar para outro fabricante, a Gateway, em North Sioux City, Dakota do Sul. O representante de vendas Duffy Conway recebeu o telefonema e aceitou o desafio. Ele acompanhou pessoalmente a produção das máquinas e as despachou para que fossem entregues no dia seguinte em Nova York. A excursão dos Rolling Stones começou sem atraso e o gerente mostrou-se bastante agradecido a Conway: enviou-lhe ingressos com direito a lugares magníficos e um passe de acesso aos bastidores do espetáculo em uma das cidades em que o grupo ia se apresentar.

Herschell Gordon Lewis, presidente da Comunicomp, uma divisão de marketing direto de uma grande empresa da Flórida, conta uma surpreendente história sobre iniciativa vivenciada por sua esposa. "Margo tem sido uma cliente fiel da Starbucks. Certo dia, ela telefonou para eles para encomendar um tipo de café que vínhamos tomando há meses. No entanto, a pessoa do telemarketing disse-lhe que a empresa deixara de fabricar o produto. Margo respondeu que estava tudo bem, mas que então voltaria a comprar café em um concorrente da Starbucks."

Pouco depois, porém, ela recebeu por correio um pacote enviado por Jan Brown, do setor de resposta direta da Starbucks. A carta que acompanhava o pacote dizia o seguinte: "Nem sempre podemos nos comprometer a ter disponíveis todos os tipos de café que oferecemos no passado. Mas, tendo em vista o tempo que a senhora é nossa cliente, resolvemos lhe oferecer um presente especial com base nos tipos de café que a senhora comprou conosco." Junto com a carta veio um quilo do café que ela queria. A iniciativa de Brown recuperou uma cliente fiel de sua empresa.

Liloo Alim, principal *concierge* do Four Seasons Hotel em Toronto, Canadá, passou muitos meses procurando diariamente, durante várias horas, depois do horário de trabalho, um apartamento em prédios de condomínio para um hóspede que ia se mudar para a cidade. Quando o hóspede, um executivo de Washington, finalmente decidiu comprar um apartamento em frente ao hotel, ele continuou a contar com Alim para enviar flores em nome dele e fazer reservas em restaurantes, sem que ela nada cobrasse pelo serviço. Entenda por que Alim ainda faz o possível para atender o antigo hóspede: "Ele continua a ser um cliente em potencial em outras cidades."

Certo dia, uma hóspede do Polynesian Village Resort do Walt Disney World em Orlando, Flórida, disse à recepcionista que estava extremamente frustrada porque tinha perdido vários rolos de filme ainda não revelados. A funcionária pediu à cliente que lhe desse alguns rolos de filme virgem e prometeu que

Como causar uma boa impressão

Segundo Roger Ailes, presidente e diretor executivo da Fox News, as pessoas têm apenas sete segundos para causar uma boa impressão – e conseguir isso pode fazer toda a diferença do mundo no que diz respeito a influenciar os outros. Ele dá os seguintes conselhos:

- Dê intensidade à sua atitude. Ao se encontrar com alguém pela primeira vez, concentre-se no seu nível de energia. Se você não demonstrar uma atitude dinâmica no primeiro dia, você certamente estragará tudo.
- Reconheça o que é visível. Muitos executivos acreditam que uma expressão impenetrável é uma vantagem estratégica. Às vezes é. No entanto, freqüentemente você ganha credibilidade diante de um interlocutor quando ele sente que você é uma pessoa aberta. Para o observador, geralmente a personalidade que se mostra mais forte e menos receosa é a mais vulnerável.
- Confira uma missão à sua mensagem. Deixe que outras pessoas tagarelem. Quando você falar, tenha uma intenção definida.

cuidaria do resto. Valerie Oberle, vice-presidente do programa de hóspedes da Disney University, conta o seguinte: "Duas semanas depois, a hóspede recebeu em casa um pacote. Nele havia fotos de todo o elenco do show de luau autografadas por cada intérprete. Havia também fotos do desfile da Disney e dos fogos de artifício do parque temático, tiradas pela recepcionista na sua hora de folga, após o trabalho."

Certo dia, Bill Wallace, técnico do setor de serviço ao cliente de uma emissora de televisão a cabo em Independence, Missouri, atendeu ao chamado de uma cliente que estava confusa com relação à numeração dos canais. Quando Wallace percebeu que ela não conseguia ler o cartão com a relação dos canais porque a catarata obscurecia sua visão, ele voltou rapidamente ao escritório, ampliou o cartão em uma copiadora, plastificou-o e, em seguida, entregou-o pessoalmente à agradecida e encantada cliente.

OUVIR COM INGENUIDADE

A habilidade de definir exatamente aquilo de que uma pessoa precisa é fundamental para poder ajudá-la. Assim, é necessário ouvir de uma maneira diferente – o que às vezes é chamado de "ouvir com ingenuidade". Conheça algumas diretrizes destinadas a estimular a pessoa a abrir-se para que você possa entender o que ela está dizendo:

Não pressuponha que sabe o que alguém quer. É muito comum nas comunicações interpessoais acharmos que sabemos o que os outros querem antes que eles tenham a chance de se expressar. Esse fato é especialmente verdadeiro quando desempenhamos uma função em que já recebemos numerosas solicitações de natureza semelhante. É muito fácil categorizar rapidamente os pedidos considerando a semelhança entre eles em vez de explorar mais profundamente as diferenças.

Estimule a outra pessoa a fornecer mais detalhes sobre o que ela quer. A comunicação começa quando você pára de falar e de enfatizar a sua opinião e deixa a outra pessoa manifestar as necessidades dela. Estimule-a a detalhar o que ela está dizendo – peça-lhe mais informações e exemplos ou faça perguntas genéricas. No decorrer da conversa, você descobrirá a profundidade da experiência da pessoa, bem como a lógica, as preferências dela e muitas outras coisas. Através de meneios de cabeça e pistas verbais como "ahn, ahn", você pode levar o seu interlocutor a expressar-se melhor sem comprometer a sua opinião.

Para maior clareza, ouça com atenção e repita o que está sendo dito. Depois de ter estimulado a pessoa a se expressar mais, você pode resumir o que ouviu com suas próprias palavras, dando ao outro a chance de concordar ou discordar de sua síntese. Em seguida, quando você tiver certeza do que a outra pessoa precisa, sugira-lhe alternativas úteis.

Lois Frankel, autora de *Overcoming Your Strenghts* (Indo além de suas forças), conta a história de Mary, uma mulher que trabalhava como carteira e a quem foi apresentada numa festa de Natal. Durante a conversa, Mary revelou que há anos fazia o mesmo percurso e conhecia bem os clientes. Contou que, quando uma pessoa idosa fica presa em casa por causa de uma doença, ela leva o cão da pessoa para passear. Da mesma forma, quando alguém não tem como ir ao supermercado, ela se encarrega de fazer as compras. Certa vez, ao encontrar um cão perdido no bairro, lembrou-se de quem era o dono e o devolveu. Com sua iniciativa, Mary ajuda a eliminar as atitudes negativas que muitas pessoas têm com relação aos funcionários dos correios.

Durante o tempo em que trabalhou para 1-800-FLOWERS, empresa de floricultura sediada em Westbury, Nova York, Madelon S. Kuhn era pau para toda obra, tanto que os pedidos "problemáticos" sempre davam um jeito de chegar à sua mesa.

Em uma dessas ocasiões, a floricultura recebeu um pedido para o envio de flores a uma pessoa na ilha Johnston, em Honolulu, Havaí. A nota que acompanhava a solicitação dizia que o cliente não acreditava que a entrega pudesse ser feita, mas que, se isso fosse possível, somente a 1-800-FLOWERS seria capaz de dar conta do recado.

Vários representantes da empresa tentaram encontrar a ilha Johnston no mapa, mas desistiram. Kuhn foi informada pelo gerente do departamento internacional de que o serviço não poderia ser realizado, uma vez que a companhia já havia tentado entregar flores naquele local e era impossível. "Bem, detesto que me digam que alguma coisa é impossível. Tratava-se de um endereço militar, de modo que telefonei para a biblioteca pública e descobri que a ilha Johnston era uma base da Força Aérea situada no meio do Oceano Pacífico."

Kuhn, então, telefonou para um escritório da Força Aérea dos Estados Unidos em Nova York; depois de 15 minutos, descobriu que a ilha Johnston ficava no arquipélago Christmas e obteve o número direto da base. Numa ligação que durou horas, Kuhn teve que explicar repetidas vezes quem ela era e que precisava obter informações sobre como entregar flores para uma pessoa naquele local. Como se não bastasse, a pessoa que a atendeu parecia estar falando de dentro de um túnel, dizia "câmbio" no final de cada frase e ainda dava risinhos incompreensíveis; de qualquer modo, forneceu a informação.

A ilha recebia a correspondência e suprimentos três vezes por semana por meio de um avião que saía de Honolulu. A única empresa aérea que fazia aquele vôo informou a Kuhn que poderia vender um espaço de carga no avião se ela tivesse um mensageiro que levasse a encomenda até lá. As flores tinham que ser entregues pelo menos uma hora antes da partida em uma segunda, terça ou sexta-feira à tarde.

A etapa seguinte era encontrar um mensageiro para executar a tarefa – a maioria deles não gosta de fazer entregas em aeroportos, porque acaba gastando muito tempo e dinheiro com o trânsito e o estacionamento. Depois de falar com várias lojas, Kuhn conseguiu entrar em contato com a que ficava mais perto do aeroporto. Foi informada de que a entrega poderia ser feita mediante o pagamento de uma taxa de 20 dólares. Além disso, seria preciso usar uma caixa diferente para aquele tipo de encomenda e obter selos especiais, pois as flores sairiam do espaço aéreo americano e depois entrariam nele novamente.

"Para se comunicar, ponha os pensamentos em ordem; confira a eles um propósito e use-os para persuadir, instruir, descobrir e seduzir."

William Safire, Colunista do *New York Times*

"Com as informações na mão, telefonei para o meu cliente e disse-lhe que as flores poderiam ser entregues com um custo adicional. Ele perguntou como tinha sido possível e eu lhe contei toda a história. O cliente não conseguia acreditar na iniciativa que a minha companhia, no caso eu, tinha tomado para atendê-lo. Depois de fazer a última anotação relacionada com o pedido, coloquei uma cópia impressa na mesa do gerente do departamento internacional com uma mensagem escrita no alto: 'Nada é impossível.'"

PRESTE UM SERVIÇO BEM MELHOR DO QUE O ESPERADO

1. Seja um herói! O serviço excepcional não exige muito mais esforço do que o serviço de má qualidade; trata-se apenas de um ajuste da atitude.

2. Nunca se conforme com menos do que o melhor. Seu trabalho é um reflexo direto de *você*. Faça com que ele brilhe!

3. Procure exemplos de um serviço de alta qualidade. Dê uma olhada na sua empresa e descubra pessoas que se destacam no trabalho. Estude-as, aprenda o que as faz agir daquela maneira.

4. Acompanhe o resultado das suas ações. Garanta que elas tenham o efeito desejado – não apenas quando você as pratica como também uma semana, um mês e um ano depois.

5. Estimule os outros a seguir seu exemplo. O fato de você se recusar a fazer concessões nos seus padrões de serviço e qualidade motivará outras pessoas a adotar essa atitude.

Parte 3

SUA CARREIRA E SUA VIDA

Qual a diferença entre os profissionais que avançam na carreira e aqueles que ficam para trás? A resposta é: a iniciativa. Por exemplo, alguns colaboradores fazem questão de procurar oportunidades para aprender coisas novas, enquanto outros se satisfazem com as condições existentes. Alguns rapidamente aproveitam os problemas e os transformam em oportunidades; outros evitam lidar com desafios. Alguns têm idéias e um plano para implementá-las e o põem em prática; outros preferem que lhes digam o que fazer. Como resultado, alguns funcionários progridem muito rápido na carreira, ao passo que outros parecem caminhar muito devagar ou mesmo ficar empacados onde estão.

Hoje em dia, os profissionais mais eficazes assumem o controle da sua vida e da sua carreira, desenvolvendo planos para aprender e crescer na profissão. Eles decidem *aonde* querem ir e depois planejam *de que maneira* chegarão lá. Em vez de apenas sonhar a respeito dos seus planos, eles tomam a iniciativa de executá-los. Ao fazerem isso, esses colaboradores liberam uma força muito poderosa, capaz de lançá-los para a frente na carreira e na vida pessoal ao abrir um mundo de opções totalmente novo.

Em última análise, a vida nada mais é do que uma longa série de escolhas. Cada opção que você faz o aproxima das suas metas ou o afasta mais delas. Você pode optar por assumir o controle da sua vida ou deixar que ela e as circunstâncias o dominem. Ao tomar a iniciativa, você se coloca no assento do motorista e pode ter certeza de que, em decorrência disso, vai prosperar.

Assumindo o controle da sua carreira

Quantas vezes você sonhou em aprender uma nova habilidade e aplicá-la na sua empresa, em lançar um novo produto ou serviço na sua companhia ou em se transferir para um departamento, divisão ou país diferente? Enfrente os fatos. Quase todos queremos progredir profissionalmente e ser reconhecidos e recompensados pelas nossas idéias, habilidades e contribuições. Quer você almeje ascender na hierarquia da empresa em que está ou ir trabalhar em outra, você *pode* assumir o controle da sua carreira atual e, em decorrência disso, sentir-se mais recompensado e satisfeito. Pense neste antigo provérbio: "Se você não sabe aonde está indo, qualquer caminho o fará chegar ao seu destino."

Uma vida sem objetivos é uma vida sem direção. Não é preciso nenhum esforço para chegar a algum lugar na vida ou nos negócios. No entanto, para atingir um lugar *significativo*, você precisa primeiro saber aonde quer ir. Ao decidir aonde quer chegar, você pode fazer planos em direção ao seu destino. Há um exemplo que demonstra o poder de definir metas: em 1953, pesquisadores entrevistaram a turma de formandos da Universidade de Yale e descobriram que somente 3% do grupo costumava definir regularmente metas e colocá-las no papel. Vinte anos depois, quando os pesquisadores voltaram a procurar os componentes do grupo para verificar como aquela turma tinha se saído, eles constataram que os 3% dos graduados que haviam definido metas e as registrado por escrito tinham conseguido acumular uma fortuna maior do que a soma dos bens dos outros 97%.

Quando o diretor do departamento do catálogo de presentes do UNICEF de Nova York deixou inesperadamente o cargo, Edward Mills candidatou-se à função. Durante nove meses, ele executou as tarefas da nova posição junto com as do seu cargo regular, e conseguiu resgatar uma área de negócios moribunda ao instituir, entre outras coisas, uma linha 0800 de ligações gratuitas. Ao assumir tarefas adicionais, Mills recebeu um aumento de salário bem superior à média concedida pela entidade. Segundo ele, a lição é sempre procurar oportunidades de expandir o âmbito das nossas atribuições e depois tomar medidas para que a companhia saiba exatamente o que o funcionário fez por ela.

> **"Aproveite as oportunidades de assumir novas responsabilidades. As pessoas devem experimentar coisas novas, porque é assim que elas crescem."**
>
> KEVIN MURRAY, Vice-diretor do Departamento de Informações do Departamento de Agricultura dos EUA

Muitos gerentes sonham em ter colaboradores que assumam o controle das suas funções e carreiras sem ter que ser conduzidos pela mão em cada etapa do caminho. Esse fato é especialmente verdadeiro no que concerne a secretárias e funcionários de escritório, que freqüentemente se vêem presos a empregos mal pagos, estressantes e que oferecem poucas possibilidades de progresso. No entanto, o seu trabalho é o que *você* faz dele.

No caso de Sharon Leahy, cuja função principal é ser assistente executiva do presidente da Tri-United Companies, uma empresa do ramo imobiliário sediada em Stokie, Illinois, esse truísmo foi levado às últimas conseqüências. Embora tenha começado na firma "apenas" como uma secretária, Leahy é hoje vice-presidente, gerente de escritório e assistente executiva do pre-

Avaliação da sua marca pessoal

Um dos gurus da administração, Tom Peters, oferece as seguintes orientações para ajudá-lo a descobrir aonde você está indo na sua empresa examinando onde você está neste momento. Os números entre parênteses referem-se aos itens relacionados a cada função.

1. Sou conhecido pelos dois itens que se seguem. Nesta mesma época, no próximo ano, serei conhecido por 1 ou 2 itens adicionais.
2. Meu projeto atual me estimula/desafia das seguintes maneiras (de 2 a 4).
3. Meu novo aprendizado nos últimos 90 dias inclui os seguintes itens (de 2 a 4).
4. Meu "programa de visibilidade" local/regional/nacional/global consiste nos 2 ou 3 itens seguintes.
5. Os nomes que se seguem (de 1 a 3) são acréscimos importantes à minha agenda de telefones nos últimos 90 dias; entre os relacionamentos importantes que alimentei nos últimos 90 dias estão os seguintes nomes (de 1 a 3).
6. A principal "atividade destinada a melhorar o meu currículo" nos próximos 90 dias é a seguinte.
7. Meu currículo está especificamente/substancialmente diferente em relação ao do ano passado das seguintes maneiras (de 1 a 3).

sidente. "Quando ele está fora, sou completamente responsável por todas as operações", diz ela. E o que o supervisor pensa dessa situação? Ele simplesmente a adora. O dono da Tri-United, Moshe Menora, afirma o seguinte: "Qualquer supervisor procura uma pessoa suficientemente determinada para poder comandar sem que isso lhe seja pedido e prestar assistência sem que tampouco isso lhe seja solicitado."

Como Leahy, então, se posicionou para assumir esse elevado nível de responsabilidade? Ao contrário dos seus colegas da área de administração que tinham nível superior, ela havia feito o curso de secretariado. Leahy, porém, tomou a iniciativa de aprender tudo o que podia sobre o negócio fazendo perguntas ao seu supervisor, além de se oferecer para trabalhar mais de 60 horas por semana. Soube também como se tornar insubstituível para ele antevendo todos os seus pedidos.

Quando lhe perguntam por que muitas secretárias e assistentes administrativos e executivos se vêem encurralados em empregos sem futuro, Leahy afirma que o problema não é o cargo, e sim quem o ocupa. "Algumas pessoas ficam no canto porque têm medo de correr riscos ou simplesmente não querem ir além da sua esfera de ação. Elas apenas vão para o trabalho, passam lá o tempo necessário e prepararam-se para o fracasso."

> **"O vencedor é aquele que reconhece os talentos que Deus lhe deu, esforça-se ao máximo para transformá-los em habilidades e usa estas últimas para alcançar suas metas."**
>
> LARRY BIRD, Técnico e jogador de basquete profissional

Quando Elisabeth Drumm, na época membro da equipe administrativa da Ziff-Davis Publishing, sediada em Nova York, soube que sua função talvez fosse ser extinta, ela marcou imediatamente uma reunião com um dos funcionários da área de recursos humanos para explorar suas opções. Drumm disse-lhe que era uma funcionária dedicada e que, caso o seu cargo fosse suprimido, gostaria de se candidatar a uma função específica na área de vendas – superior à que ela desempenhava na ocasião. Ela conseguiu o cargo e pôde continuar na Ziff-Davis. Drumm afirma o seguinte: "Se queremos permanecer na empresa, temos que nos esforçar para isso. Eu tinha o conhecimento interior do que queria fazer e um forte desejo de mudar de área e começar em uma nova função."

COMO MELHORAR O SEU VALOR DE MERCADO

Todo profissional precisa permanecer atento para não se tornar obsoleto. Com a quantidade de mudanças que estão ocorrendo na maioria das empresas, essa não é uma tarefa fácil. Várias vezes por ano você deve realizar uma avaliação sistemática do seu valor de mercado e do seu mérito na posição atual. Procure fazer a si mesmo as seguintes perguntas:

- **Você é agora mais valioso para seu empregador do que era três ou seis meses atrás? Se for esse o caso, que provas você tem disso?** A sua resposta pode variar entre o aumento da eficiência, a rapidez com que você lida com responsabilidades de rotina, sugestões e idéias que você forneceu para reduzir os custos e projetos que você iniciou e executou com sucesso.
- **O que você aprendeu no trabalho nos últimos três a seis meses?** Como o maior desenvolvimento ocorre dentro das suas responsabilidades atuais, você precisa estar constantemente procurando crescer e aprender: dominar um novo procedimento de trabalho, tornar-se parte de uma equipe polivalente ou se oferecer para assumir novas tarefas.
- **O que você planeja aprender nos próximos três a seis meses?** Estão surgindo oportunidades ou você pode criar circunstâncias para progredir no trabalho? Que pessoas no seu departamento ou em outros setores da empresa você deveria se esforçar para conhecer, e o que lhe seria possível aprender com elas? Que tendências externas sugerem habilidades e conhecimentos que você deveria procurar adquirir? Em que associações você pode ingressar? Que publicações você pode assinar?

Avaliar as qualidades e habilidades que você tem a oferecer como colaborador é um ponto de partida para melhorar o valor que você tem para si mesmo, para seu empregador atual e para pessoas para quem futuramente possa vir a trabalhar.

O psicólogo Sy Friedlander descobriu há muito tempo que ter um único emprego não lhe proporcionava a satisfação que desejava. Assim, passou a se dedicar a várias ocupações de

Definindo metas na vida

- Todo desenvolvimento é autodesenvolvimento.
- Avalie suas habilidades e qualidades.
- Descubra um ambiente de trabalho que favoreça quem você é.
- Identifique habilidades necessárias para o seu progresso.
- Tente aprender algo novo todos os dias.
- Procure um mentor.
- Descubra possíveis caminhos profissionais.
- Planeje onde você quer estar daqui a cinco anos.

tempo parcial que se inter-relacionam e maximizam suas habilidades, possibilitando-lhe expressar sua paixão. Entre as posições que ocupa estão: diretor de qualidade de uma agência de serviços sociais, consultor de um sistema escolar e professor. Friedlander diz que tem mobilidade na carreira porque sabe exatamente o que faz melhor e está aprendendo a aplicar esse conhecimento às necessidades do mercado. "Em vez de tentar me encaixar em uma atividade, aprendi a analisar primeiro o que tenho a oferecer e qual a contribuição que quero dar. Avalio, então, de que maneira minhas habilidades e desejos acrescentam valor ao mercado de trabalho."

Como um arqueólogo procurando indícios de uma civilização perdida, Charles Wetzel, formado em 1998 pela Universidade Southern Methodist em Dallas, Texas, descobriu

"As palavras exatas que você usa são bem menos importantes do que a energia, a intensidade e a convicção com que você as pronuncia."

JULES ROSE, Vice-presidente da Sloan's Supermarkets

Sinais de alerta de uma mudança de carreira

Todos sentimos quando está na hora de avançar na vida profissional. No entanto, alguns de nós não damos atenção a esses sentimentos e, anos depois, percebemos que estamos em uma posição sem futuro. Em um artigo publicado no *San Francisco Examiner*, Carole Kanchier, escritora da área de negócios, descreveu quais são, na opinião dela, os 11 sinais que indicam a necessidade de fazer mudanças na carreira:

1. O seu corpo está lhe enviando mensagens? Você está constantemente gripado? Tem problemas para sair da cama nos dias de semana?
2. "Mal posso esperar que chegue a sexta-feira" é um pensamento que lhe ocorre com freqüência? Você está sempre olhando para o relógio?
3. Costuma sonhar acordado no trabalho?
4. Você falta ao trabalho por motivo de doença mesmo quando não está doente?
5. Chegar atrasado ao trabalho se tornou uma prática habitual para você?
6. O seu desempenho e produtividade caíram?
7. Você discute muito com seus colegas ou superiores?
8. Está desinteressado pelo trabalho?
9. A perspectiva de passar todo o dia no trabalho o deixa deprimido?
10. Permanecer na empresa pelo resto da vida possibilitará que você realize seu sonho profissional?
11. O seu trabalho está prejudicando sua confiança? Sua saúde? Sua vida pessoal e familiar ou outras esferas da sua vida?

Segundo Kanchier, duas ou mais respostas afirmativas a essas perguntas são um sinal de que você está insatisfeito com seu trabalho e que já é hora de tomar uma decisão.

uma maneira inovadora de determinar qual o salário que deveria receber no seu primeiro emprego. Usando a Internet, Wetzel examinou a remuneração oferecida pelas empresas que busca-

> **"Hoje em dia, para ter segurança no emprego, você precisa ter um leque mais amplo de conhecimentos que lhe possibilite encarregar-se de um maior número de atribuições e trabalhar para mais de uma empresa."**
>
> Anthony P. St. John, Vice-presidente de recursos humanos da Daimler Chrysler

vam preencher vagas através de seus sites ou de sites específicos para ofertas de empregos. Após muito pesquisar, ele chegou a um salário que julgou corresponder ao seu valor no mercado de trabalho. Quando Wetzel recebeu uma oferta pouco superior a 30 mil dólares anuais de uma empresa de transportes, ele a recusou. "Na minha opinião, eles me ofereceram 10 mil dólares a menos do que mereço." Ele aceitou, então, trabalhar como consultor administrativo da Ernst & Young LLP, com um salário inicial de mais de 40 mil dólares.

Às vezes, a iniciativa pode vir de lugares inesperados. A Korn/Ferry, empresa especializada em recrutamento de executivos, juntou-se ao *Wall Street Journal* para criar uma firma de pesquisa de empregos chamada Futurestep. Um dos serviços prestados pela Futurestep é a análise gratuita do salário do cliente e do potencial do seu bônus. No entanto, para surpresa da Korn/Ferry, um grupo de seus recrutadores analisou a própria situação e descobriu que todos recebiam uma remuneração 18% inferior aos salários do mercado. Peter Reed, um desses funcionários, tomou a iniciativa de pressionar a Korn/Ferry sobre a questão do seu salário e obteve um aumento de 10%, elevando-o para 80 mil dólares por ano. Windle Priem, diretor de operações da empresa, faz o seguinte comentário: "Estou certo

FACILITANDO O INTER-RELACIONAMENTO

Uma das habilidades mais importantes que você pode desenvolver para melhorar a sua carreira é o inter-relacionamento, ou seja, entrar em contato com pessoas que compartilham seus interesses profissionais. Conheça algumas maneiras eficazes de fazer isso:

- Procure pessoas cujo trabalho você admire. A maioria das pessoas está disposta a conversar com alguém que demonstre interesse pelo seu trabalho, emprego ou opiniões. Essa tática, muito usada quando as pessoas se preparam para entrevistas de emprego, não se limita à ocasião em que você está em busca de trabalho, e pode representar uma maneira viável de desenvolver contatos profissionais duradouros. Não deixe de pedir ao entrevistador que lhe forneça nomes de pessoas que ele acha que você deve procurar.
- Desenvolva sua lista de contatos. No final do dia, pense nas pessoas que você conheceu no trabalho, na hora do almoço ou depois do expediente e relacione-as no seu banco de dados ao lado de informações sobre o que elas fazem, seus interesses e assim por diante. Planeje um café da manhã ou almoço com uma pessoa com quem tenha travado conhecimento para conhecê-la melhor. Se você expandir seus contatos, eles estarão presentes quando você precisar.
- Torne-se se sócio de associações profissionais. É fácil reunir uma excelente fonte de contatos profissionais na sua comunidade, ingressando em associações profissionais que o interessem. Esses grupos costumam realizar encontros e conferências que lhe permitirão expandir seus contatos.
- Escreva artigos para uma publicação especializada na sua área de atuação. Além de se sentir bem por ver seu trabalho publicado, você melhorará significativamente seu perfil, tanto dentro quanto fora da sua empresa.
- Não tenha medo de usar seus conhecimentos profissionais para pedir referências e contatos adicionais. O fato de você procurar as pessoas fortalece os relacionamentos e aumenta a probabilidade de que elas também o procurem para pedir ajuda.

de que em determinados segmentos podemos ter pessoas que estejam recebendo abaixo do valor de mercado. Com a Futurestep, certamente estaremos criando desafios para nós mesmos."

Assuma o controle

Assuma o controle da sua vida profissional neste exato momento da seguinte maneira:

- Decida quais são as suas metas na vida.
- Pense em todas as opções que estão disponíveis para você.
- Prepare um plano para atingir suas metas.
- Trabalhe junto com seu supervisor para tornar seu plano realidade.
- Analise periodicamente o seu progresso e faça ajustes quando necessário.

Quando sua inscrição no Williams College foi rejeitada em 1989, Bo Peabody, fundador da Tripod, uma comunidade da Internet com sede em Williamstown, Massachusetts, não se resignou a amassar a carta com o aviso de que seu pedido tinha sido recusado. Muito menos voltou a atenção para a instituição que estava em segundo lugar na sua lista. Peabody diz o seguinte: "Telefonei para o departamento de admissão e registro e disse a eles: 'Não aceito a recusa. Estejam certos de que vou estudar aí.'" Um ano mais tarde, ele estava matriculado naquela faculdade.

Durante anos, Marcia Felth, principal consultora e gerente do programa de negócios da Digital Equipment, sediada em Maynard, Massachusetts, esforçou-se para conciliar as expectativas dos seus superiores e dos colegas com as da sua família, que estava crescendo. Quando a Digital começou a demitir funcionários há alguns anos, ela solicitou a própria demissão.

COMO PEDIR UM AUMENTO

Na hora de receber um aumento, os funcionários esperam que o gerente observe quanto eles são esforçados e como estão fazendo um bom trabalho. No entanto, ao receber o aumento-padrão da empresa, digamos de 4 ou 5%, eles costumam ficar frustrados, sem saber o que poderiam ter feito para merecer um percentual maior. O segredo de conseguir um aumento acima da média (desde que o seu desempenho seja acima da média) é defender essa idéia a partir da perspectiva do seu gerente. Colocar-se no lugar dele por um momento pode ajudar você a tornar mais fácil a tarefa dele de justificar o seu aumento.

Pense na história da mulher que estava voando para Denver ao encontro do gerente para a análise anual do seu desempenho. Durante o vôo, ela queixou-se ao passageiro que estava ao seu lado de que os aumentos na sua empresa costumavam ser distribuídos sob uma visão machista e conservadora, que os gerentes só notavam as pessoas ambiciosas e empreendedoras e que eram elas que depois recebiam os aumentos acima da média. Ela estava assumindo uma posição de vítima e definindo a situação com base em sua impotência.

Essa mulher teria usado melhor o seu tempo se tivesse apresentado razões pelas quais julgava merecer um aumento, baseando-se (1) no trabalho que tem feito, (2) no fato de a empresa poder contar com ela (a rotatividade era um problema na companhia) e (3) no fato de ela ajudar o gerente a atingir os objetivos dele. O passageiro que estava ao seu lado sugeriu que ela expusesse sua expectativa salarial, o motivo pelo qual sua remuneração tinha que ser maior e que, com o aumento que ela estava propondo, a empresa e o gerente iriam poder contar com seu sólido desempenho por mais um ano. A dica funcionou às mil maravilhas e a mulher obteve um aumento recorde.

As seguintes sugestões o ajudarão a se preparar para pedir um aumento:

- Determine o valor de mercado da sua função. Seu salário geralmente reflete a remuneração corrente de posições com responsabilidades semelhantes na sua área geográfica. Procure determinar o valor de mercado para suas responsabilidades, mas não se limite à denominação do seu cargo. Você possui conhecimentos ou habilidades especiais? Você age de um modo autônomo com pouca ou até mesmo nenhuma orientação? Você orienta os outros, mesmo que eles não estejam diretamente subordinados a você? Você tem autoridade para tomar decisões, despender dinheiro ou usar os recursos da empresa? Você representa o seu gerente ou a companhia diante de terceiros? Esses fatores indicam o nível da sua posição e seu valor na organização.

- Mostre como você acrescentou valor à companhia. Se você conseguir demonstrar que suas atividades geraram maiores receitas para a empresa, é lógico sugerir que você deve ter uma participação nelas. Que projetos e responsabilidades você assumiu desde a sua última revisão salarial? De que maneira essas tarefas proporcionaram direta ou indiretamente receitas maiores? Em que situações você tomou a iniciativa de fazer mais do que lhe foi pedido? Você superou as expectativas (e os resultados) do seu gerente? Como você pessoalmente o ajudou a causar uma boa impressão?
- Especifique o valor do aumento que você espera e o justifique. Baseado na sua dedicação, você deve ser capaz de definir, e defender, um aumento específico. Se você fizer o dever de casa e for proativo ao declarar o que espera, seu gerente terá mais facilidade em concordar e, se necessário, lutar pelo seu pedido na empresa. Oferecendo fatos para uma avaliação precisa, você dará ao seu gerente uma causa para ele defender! Certifique-se de que está mostrando como o aumento de salário reforçará sua dedicação ao emprego, ao gerente e à companhia.

Você pode estimular um resultado favorável criando expectativas positivas antes de um período de avaliação do desempenho para minimizar o grau de subjetividade do seu gerente com relação à sua atuação. Essa atitude lhe permitirá tomar medidas para minimizar a reação e o potencial das surpresas negativas no local de trabalho.

"Meu supervisor respondeu: 'O seu desempenho é magnífico; não posso demiti-la. Existe algo que eu possa fazer por você?'" Esse algo significou a criação de uma nova função para Felth, de 20 horas por semana, para que ela dirigisse o planejamento do grupo de tecnologia da informação da empresa. Ao assumir o controle da sua vida profissional, Felth obteve o melhor dos dois mundos: uma carreira e uma vida.

Embora Deborah F. Mulloy gostasse do seu emprego de horário integral como gerente do setor de enfermagem do hospital universitário de Denver, Colorado, ela queria ter mais tempo livre para dedicar à família e para dar aulas de enfermagem. Mulloy chegou à conclusão de que a melhor solução era compartilhar seu trabalho. Depois de ler bastante sobre o tema do compartilhamento da função e reunir provas consistentes de que o hospital poderia se beneficiar muito com a mudança, ela apresentou o plano à gerência. Ele foi aceito e hoje Mulloy trabalha 16 horas por semana e a pessoa com quem ela partilha sua função trabalha 24 horas semanais. Mulloy diz o seguinte: "Joanne e eu estamos determinadas a fazer a mudança dar certo, de modo que gravamos mensagens uma para a outra todos os dias. Também revimos a descrição da função para que nossas responsabilidades ficassem claramente definidas e todos os objetivos pudessem ser alcançados."

Arriscar o emprego pode ser a suprema forma de iniciativa. Quando Donna Dubrinsky, da Apple Computer, em Cupertino, Califórnia, se cansou de defender a estratégia de distribuição do seu departamento diante do restante da empresa, ela assumiu o controle da sua carreira ameaçando pedir demissão se seu supervisor não lhe desse autonomia para fazer mudanças. John Sculley, o superior dela e na época presidente da companhia, concordou em atendê-la.

Joanne Griffin, hoje vice-presidente administrativa da Enterprise Rent-A-Car, descreve como o fato de ela ter tomado a iniciativa quando trabalhou para a Xerox exerceu um enorme impacto na sua carreira. "O ponto decisivo na minha vida profissional aconteceu da forma mais despretensiosa possível. Uma folha azul pregada em um quadro de avisos informava que havia uma vaga a ser preenchida. A posição era 'vendas/intercomunicação com o usuário do sistema'. Quem sabia o que aquilo significava? O homem que me entrevistou também não parecia saber quase nada. Tudo o que consegui ver, porém, foi a oportunidade. Ofereceram-me o cargo e eu aceitei."

Griffin levou algumas semanas para entender quais eram seus objetivos: criar um sistema de computador que seria usado pelo pessoal de campo para acompanhar as contas. Ela saiu com os representantes de vendas para determinar quais eram suas necessidades e formou uma equipe de especialistas em software. Junto com seu grupo, desenvolveu, então, o primeiro sistema computadorizado da Xerox para o pessoal de vendas.

"O novo sistema funcionou excepcionalmente. A força-tarefa passou a ter acesso a melhores dados e era capaz de acessá-los quatro vezes mais rápido do que anteriormente; pela primeira vez, tornou-se viável fazer prognósticos e suposições. Um projeto que ninguém queria acabou me proporcionando duas promoções. Pouco tempo depois, fui agraciada com a menina-dos-olhos das funções bem remuneradas: tive permissão para criar meus próprios projetos."

> **"O homem sábio cria mais oportunidades do que encontra."**
>
> FRANCIS BACON

Um bom conselho

John Challenger, presidente da Challenger, Gray & Christmas, uma firma de serviços de recolocação profissional, oferece o seguinte conselho àqueles que desejam tomar a iniciativa e vencer no trabalho: "Envolva-se com projetos aos quais ninguém esteja se dedicando."

Há algum tempo, Paul H. P. Christen, funcionário de uma editora em Reading, Massachusetts, notara que a LAN (Rede Local de Intercomunicações) era um componente-chave para a maneira como os colaboradores se comunicavam interna e externamente com os clientes e os provedores de serviços. Assim, Christen resolveu assumir a função de especialista em suporte de LAN na empresa. "Basicamente, ofereci meu conhecimento especializado para tornar esse sistema mais acessível aos usuários: redigi um manual de treinamento e guia de recursos e apresentei seminários sobre sua forma de utilização." Ao tomar para si essas responsabilidades, ele conversou com seu supervisor para informá-lo do que estava fazendo. "Também lhe perguntei sua opinião sobre o futuro do projeto. As respostas dele me ajudaram a pôr em ordem as minhas indagações." Dessa forma, Christen conseguiu a função que queria exercendo-a.

"Seja uma pessoa empreendedora. A qualidade mais necessária, tanto nas empresas privadas quanto no setor público, é a imaginação. Se você conseguir modificar um pouco a interpretação de um problema ou abordá-lo de um jeito que combine diferentes recursos, você não precisará esperar pelas oportunidades; você criará as suas."

Alan Keyes, Ex-secretário de Estado adjunto dos Estados Unidos

Ao perceber que a empresa de exercícios e preparação física na qual trabalhava estava começando a apresentar sinais de declínio, o instrutor Patrick Avon tomou a maior iniciativa que um colaborador pode tomar: comprou a companhia e transformou-a em um campo de treinamento no estilo militar para executivos de Washington D.C. A empresa, a Sergeant's Program tem hoje 600 clientes ativos e um faturamento anual de mais de um milhão de dólares.

> **"Siga sua felicidade e transforme em uma porta o que parecer uma parede."**
>
> JOSEPH CAMPBELL, Autor de *O poder do mito*

Em uma ocupação de verão que teve na juventude, Bob Freese imaginou uma maneira de fazer o seu trabalho e o de dois outros funcionários ao mesmo tempo. Infelizmente, seu supervisor não se encantou com a novidade. "Ele me disse para nunca o informar de idéias desse tipo e pediu que eu me limitasse a fazer o trabalho inicialmente especificado. Naquele momento, tive certeza de que, se um dia eu viesse a ter a minha própria empresa, sempre pediria sugestões aos funcionários." E foi o que ele fez. Freese dirige a Alphatronix no Research Triangle Park, na Carolina do Norte, considerada um dos melhores empregadores dos Estados Unidos.

Michael Cyr, da Hewlett-Packard, descobriu que pode assumir o controle do seu emprego e da sua vida escolhendo de uma maneira proativa projetos que sejam bastante visíveis para a gerência. Um deles, por exemplo, envolve o desenvolvimento de sistemas de medição para acompanhar a performance de segurança da empresa. O projeto não é atraente, mas é importante. Cyr decidiu trabalhar com a segurança depois que um alto executivo da HP apresentou uma palestra sobre a importância dessa área para companhia. "Escolho atividades que me entusiasmam. É uma resposta emocional. Em parte, sinto-me estimulado por saber que um projeto é importante. Quando a alta administração reconhece o trabalho que estamos fazendo, recebemos aprovação e apoio."

Em vez de observar a empresa de produtos têxteis onde trabalhavam debater-se em uma morte lenta nas mãos dos concorrentes, colocando em risco o seu emprego e a sua carreira, os funcionários da Andover Apparel em Dawson, Geórgia, tomaram a iniciativa de comprar a companhia e depois implementaram uma série de medidas austeras para torná-la mais competitiva. Assim, aceitaram voluntariamente cortes nos salários e benefícios, acreditando que estes não são tudo; um emprego com menos benefícios é melhor do que nenhum. Passaram a trazer de casa seu próprio papel higiênico e toalhas de mão, demitiram o zelador e se encarregaram da faxina em toda a empresa. Apesar de todas as dificuldades, essas medidas ajudaram os funcionários a salvar seus empregos e preservar seu meio de subsistência.

Embora muitos profissionais de alto nível da Bell Labs tenham cursado o MBA em Harvard ou sejam doutores formados pelo MIT, um funcionário sem nível superior, que começou na empresa trabalhando como horista no setor de manutenção, logo chamou a atenção da gerência por sua iniciativa no trabalho. Em vez de procurar a solução mais rápida quando se via diante de um problema, ele tentava descobrir a causa da dificuldade, o que lhe permitia desenvolver uma solução global. Em pouco tempo, os engenheiros de campo da Bell começaram a chamá-lo para identificar e resolver os problemas mais complicados dos sistemas, e ele recebeu várias promoções consecutivas. Hoje, esse funcionário é responsável por enormes equipes de profissionais que possuem os diplomas que ele não tem.

> **"A chave do sucesso é ir até a loja e ouvir o que nossos colaboradores têm a dizer. É extremamente importante que todos estejam envolvidos. Nossas melhores idéias vêm dos funcionários do escritório e dos rapazes do estoque."**
>
> SAM WALTON, Fundador da Wal-Mart

Tomar a iniciativa na carreira significa, quase sempre, decidir quais são nossos objetivos profissionais a longo prazo, avaliar as habilidades que possuímos e quais as que nos faltam para alcançar esses objetivos e, depois, tomar medidas para adquirir as habilidades de que necessitamos. Embora Joseph Wilson tenha primeiro trabalhado para a J.P. Morgan como estagiário enquanto fazia o MBA na Johnson School of Management na Universidade de Cornell, ele sabia que queria atuar no grupo do banco de investimentos da firma. A má notícia era que a competição pelo limitado número de posições naquele banco era extremamente elevada – somente dois de cada 30 candidatos eram aceitos. Wilson não obteve sucesso no que desejava, mas foi escolhido pelo grupo do banco comercial da J.P. Morgan em parte por causa de sua formação em contabilidade.

Ele saiu-se muito bem naquele setor, chegando posteriormente à vice-presidência; contudo, sentia falta de algo, e esse algo era seu sonho de trabalhar na área do banco de investimentos. "Certo dia, acordei sabendo que tinha que tomar uma atitude, mas isso significava desenvolver habilidades que eu não possuía e convencer meus superiores de que estaria à altura da tarefa." Naquele momento, Wilson decidiu fazer o que fosse preciso para alcançar seus objetivos profissionais a longo prazo e viver seus sonhos.

Inicialmente, ele voltou-se para o grupo de créditos globais. O passo seguinte foi tirar o registro de analista financeiro, fundamental para que se tornasse um administrador de carteira de títulos. Isso lhe permitiu aperfeiçoar rapidamente seus conhecimentos da linguagem do mercado de valores mobiliários e aumentou muito a sua sensibilidade para o negócio.

Adquiridas essas habilidades adicionais, Wilson soube que estava pronto – e disposto – a aceitar uma posição no grupo do banco de investimentos. "Eu basicamente 'botei pra quebrar'. Queria tomar uma atitude e que se danasse a cautela. Agi de forma discreta, não fiquei irritado nem tomei medidas inadequadas para tentar alcançar meu objetivo. Mas outros gerentes andavam conversando com os meus sem que eu soubesse. Se eu tivesse menos anos de firma, a minha atitude poderia ter feito o tiro sair pela culatra." Wilson foi convidado a assumir várias posições mais bem pagas do que a que ele ocupava, mas seu desejo era receber uma oferta do grupo do banco de investimentos. Embora se sentisse lisonjeado com as propostas, ele as recusou. Por quê? Porque elas não o estavam aproximando de seu propósito.

Finalmente, com o apoio do diretor do grupo de crédito global da J.P. Morgan, Wilson alcançou seu objetivo, conseguindo uma posição no setor de venda e comércio de empréstimos secundários. Embora feliz, ele ainda não se considera pronto; há mais metas a cumprir antes de até mesmo considerar essa opção particular: "Gostaria de me tornar um excelente profissional de vendas. A longo prazo, desejaria ser um administrador de carteira de títulos."

Joseph Wilson acredita firmemente em tomar a iniciativa na carreira. Na verdade, ele não vê outro caminho. "Não me sentiria à vontade em deixar minhas opções profissionais nas mãos da gerência de nenhuma empresa. Isso é extremamente perigoso, assim como se acomodar a uma boa situação para a qual suas habilidades atuais são suficientes."

Recuar por um instante e examinar o contexto mais amplo da sua carreira pode ser bastante compensador. Depois de fazer um curso de administração de carreiras, Fiona Eason, gerente de pessoal da Knoll Pharmaceuticals, reassumiu suas funções com uma idéia muito mais clara do papel que queria desempenhar na empresa. Segundo o seu supervisor, "a mudança foi grande; ela deixou de ser uma pessoa estressada e incerta com relação ao futuro, assumindo o controle da situação e superando completamente a ansiedade". Por causa disso, ele resolveu dar-lhe uma posição estratégica na firma.

Eason está descobrindo novos desafios que nunca tinha imaginado antes de aceitar a função. Embora eles possam às vezes lhe parecer intimidadores, a longo prazo tornam o seu trabalho muito mais satisfatório. "De vez em quando me sinto como um peixe fora d'água", diz ela. "Nós nos afastamos tanto da nossa maneira habitual de agir que as coisas podem ficar difíceis." No entanto, com o apoio do seu supervisor, dos colegas e da empresa, não há dúvida de que ela será bem-sucedida.

Provavelmente já lhe ocorreu ser um *intrapreneur* – uma pessoa dentro de uma grande organização que assume a responsabilidade direta por transformar uma idéia em um produto ou serviço acabado e lucrativo, dispondo-se a correr riscos e fazer inovações. Bill Sanko é um bom exemplo. Ele iniciou seu projeto, a XEL Communications, dentro da GTE, gigante das telecomunicações sediada em Stamford, Connecticut. Na sua opinião, para que a GTE fosse competitiva no mercado, a qualidade dos produtos tinha que melhorar. Assim, formou uma equipe com seis colegas de trabalho, delineou um plano, criou a divisão de serviços especiais e mudou-se para Aurora, no Colorado. Sanko diz o seguinte: "Tive a oportunidade única de começar um negócio dentro de uma companhia com o dinheiro de outra pessoa. Precisava correr o risco de tentar descobrir o que eu faria diante da possibilidade de criar tudo isso e ser totalmente responsável pelo sucesso ou pelo fracasso do empreendimento."

Tomar a iniciativa pode gerar oportunidades para que os funcionários tornem-se *intrapreneurs*. Na Suécia, um fabricante de aço especial de alta qualidade reciclava como sucata

Os dez mandamentos do *intrapreneur*

Gifford Pinchot, autor de *Intrapreneuring: por que você não precisa deixar a empresa para tornar-se um empreendedor*, fornece as seguintes dicas para os *intrapreneurs*:

1. Trabalhe todos os dias disposto a ser demitido.
2. Peça desculpas em vez de permissão.
3. Execute qualquer atividade que ajude seu sonho a se tornar realidade, independentemente das atribuições da sua função.
4. Siga a sua intuição com relação às pessoas e forme um time com as melhores.
5. Trabalhe em segredo. A publicidade ativa o sistema imunológico das empresas.
6. Seja fiel às suas metas, porém realista quanto à maneira de alcançá-las.
7. Peça conselhos antes de solicitar recursos.
8. Só aposte em uma corrida se você estiver participando dela.
9. Tenha sempre em mente os interesses da empresa e dos clientes, especialmente quando você tiver que infringir regras ou passar a perna na burocracia.
10. Respeite seus patrocinadores e cultive seu relacionamento com eles.

barras de aço com comprimento fora do padrão. No entanto, um jovem funcionário chamado Lennart teve uma idéia de como aproveitar melhor esse material: empregando-o num equipamento de levantamento de peso de qualidade especial. A gerência concordou com a proposta e ofereceu a Lennart a oportunidade de desenvolver uma linha de negócios usando o nome, o conhecimento de fabricação de aço, a capacidade subutilizada e a rede de distribuição da companhia. Ele estabeleceu o conceito de acessórios de levantamento de peso da mais alta qualidade, fornecendo uma linha de equipamentos a clubes de atletismo e institutos de treinamento. Contratou alguns levantadores de peso e fisiculturistas de nível internacional para promover o produto e, usando a rede mundial de marketing e distribuição da empresa, criou um negócio de exportação em 22 países. Em um ano, Lennart tinha 15 funcionários, uma magnífica relação de clientes e um volume de vendas considerável. Hoje em dia, o equipamento é aprovado e usado em campeonatos em todo o mundo.

> **"Embora eu adore a idéia do *intrapreneur*, existem conseqüências pessoais potencialmente graves no desempenho desse papel e na disposição de atuar como um paladino dos outros. É preciso ter boas idéias, uma elevada motivação, coragem e ser insensível a críticas, ou seja, possuir um verdadeiro espírito empreendedor."**
>
> NED HERRMAN, Antigo executivo da General Electric

Para Kathy Knight, presidente e diretora executiva da Baiglobal, uma firma de pesquisas de mercado em Tarrytown, no estado de Nova York, é a qualidade do trabalho, e não a astúcia que nos faz ter êxito. "Muitas pessoas acham que o sucesso só envolve as aparências e que o importante é conseguir sentar-se ao lado de figurões no jantar da companhia. O talento torna-se visível quando realizamos coisas." Para ilustrar seu ponto de

As organizações sem fins lucrativos podem beneficiar-se dos esforços dos *intrapreneurs* tanto quanto as empresas que visam ao lucro. A seguir, algumas dicas para iniciantes que trabalham no setor sem fins lucrativos:

- Relacione-se com colegas que trabalham para empresas com fins lucrativos e forme uma parceria com eles em projetos específicos.
- Aprenda a maximizar o impacto de cada centavo gasto com programas sociais.
- Domine a terminologia financeira do mundo que visa ao lucro, ou seja, conceitos como vendas, lucro, gastos, e assim por diante.
- Participe de feiras de negócios para promover produtos e serviços sem fins lucrativos.
- Envolva membros da comunidade na geração de idéias para novos produtos, serviços e sistemas de entregas.

vista, ela menciona a história do vice-presidente executivo da organização, Bob Skolnick, que progrediu na empresa quando desenvolveu um produto inovador – um sistema de acompanhamento de cartões de crédito – e aumentou as vendas, que eram praticamente inexistentes. Em decorrência dessa iniciativa, ele não somente obteve oportunidades de promoção dentro da Baiglobal como foi reconhecido como perito no assunto pelo mercado.

"Ponha o seu ego de lado, porque isso o ajudará a entender que o seu nome não será associado ao novo processo que você está ajudando a criar. Você pode ser o instigador, mas a coisa só funciona direito se você for capaz de convencer os outros a participar das novas idéias tanto quanto você."

DENNIS COLARD, Gerente de logística empresarial da Hewlett-Packard

Para Adam Rauch, da Microsoft, assumir o controle da sua carreira significava parar o que estava fazendo por um momento e passar algum tempo decidindo qual a melhor direção que deveria tomar. Ele, que entrara para a Microsoft como o primeiro administrador de programa para o Visual Basic, chamou a atenção de Bill Gates e logo teve uma ascensão meteórica na empresa. No entanto, quando chegou a hora de fazer uma revisão no programa, Rauch decidiu saltar para um novo projeto. "O Visual Basic tinha criado uma indústria, e gosto de poder dizer 'eu estava lá quando começou'. Mas, depois, perguntei a mim mesmo se eu seria capaz de fazer aquilo de novo; se estava apenas seguindo o fluxo ou minha contribuição tinha sido importante. Eu ansiava por um novo desafio."

Certo dia, Gates fez um discurso sobre a expansão da Internet e o compromisso da Microsoft com ela. Inspirado pela apre-

PLANEJANDO PARA PROGREDIR

1. Saiba aonde você quer ir. Decida onde você quer estar daqui a cinco anos e o que você quer estar fazendo. Desenvolva um plano para chegar lá.

2. Assuma a responsabilidade pelo seu futuro. Não deixe sua carreira nas mãos de outra pessoa; afinal de contas, trata-se da sua vida – você deve vivê-la de acordo com suas metas e expectativas, e não com as de outra pessoa.

3. Forme uma rede de contatos. Uma rede de conhecimentos dentro e fora da sua empresa é uma vantagem inestimável quando você planeja sua carreira e realiza mudanças profissionais.

4. Ofereça-se para ocupar posições de maior responsabilidade. Os gerentes adoram os colaboradores que estão dispostos a assumir mais responsabilidades. Quando você procura mais responsabilidade e autoridade, você as consegue.

5. Procure novas oportunidades e desafios. O pior castigo que você pode receber no trabalho é ficar entediado com o que faz. Tente descobrir novas oportunidades e desafios à medida que for concluindo os antigos.

sentação de Gates, Rauch decidiu chefiar a equipe responsável pelo NetMeeting, um pacote de software que suporta conferências com recursos de áudio, vídeo e dados pela Internet. À medida que sua carreira progride na empresa, ele faz questão de permanecer em contato com os antigos colegas. "Procurei desenvolver uma rede de conhecimentos na companhia formada por pessoas que conheço, com quem me associo e de quem continuo amigo. O agradável a respeito do Visual Basic é que, à medida que a Microsoft foi crescendo, as pessoas com quem trabalhei se dispersaram pela empresa. Posso perguntar a elas: 'O que você tem para me dizer? Quais são as novidades? O que está na onda?' Percebi no NetMeeting esse tipo de oportunidade. Foi uma coisa completamente nova, uma tábula rasa."

A educação e o aprendizado

Na opinião de 84% das pessoas que responderam a uma pesquisa, um número cada vez maior de funções requer habilidades cruzadas, especialmente na área tecnológica. As empresas que estimulam a iniciativa de treinamento dos funcionários recebem um enorme retorno sob a forma de aumento da produtividade. Por exemplo, a Motorola, fabricante de produtos de alta tecnologia, estima que receba 30 dólares para cada dólar investido no treinamento dos seus profissionais. No entanto, existem companhias que fazem pouco ou nada para ajudar os funcionários a administrar suas necessidades de treinamento. Nesse caso, é criticamente importante que os próprios colaboradores assumam o controle dos seus programas de educação e aprendizado. Ao tomar a iniciativa, seja através de programas de treinamento patrocinados pelo empregador, seja por conta própria, você pode garantir que irá receber exatamente o treinamento de que precisa. Também é muito provável que o treinamento que você venha a fazer por meio do trabalho melhore a sua vida, não apenas no emprego mas também fora dele.

Alvin Perelman, endocrinologista pediátrico do hospital Phoenix Children's no Arizona, decidiu que dar continuidade aos estudos era a melhor maneira de manter-se atualizado com o mundo profissional em constante transformação. No entanto, como a área da medicina está cada vez mais voltada para os negócios, Perelman está fazendo um MBA. Ele diz o seguinte:

"Hoje em dia, tudo na medicina está sendo visto como um negócio, de modo que, se não estivermos em sintonia com essa realidade, ficamos em desvantagem e podemos ser preteridos." E o fato de tomar a iniciativa de se aperfeiçoar será compensador? Perelman acredita que sim. "Com um MBA, poderei atuar melhor como elemento de ligação com os médicos que cuidam da área comercial do hospital; além disso, terei uma habilidade adicional se as atribuições do meu cargo deixarem de ser tão necessárias quanto são hoje."

> **"No passado, administrar uma carreira significava pegar o organograma da empresa e traçar uma linha que subisse o mais possível. Hoje em dia, não é mais assim que as coisas funcionam. Você precisa descobrir que habilidades serão relevantes no futuro e delinear projetos que lhe permitam desenvolvê-las."**
>
> JOHN KOTTER, Autor de *The New Rules: Eight Business Breakthroughs to Career Sucess in the 21st Century* (As novas regras: oito maneiras de atingir o sucesso na carreira no século XXI)

Começar a trabalhar em uma nova empresa costuma ser estimulante, mas também pode causar certa apreensão, sobretudo quando estamos vindo de uma área completamente diferente. Esse foi o caso de Joe DePreta, que deixou uma produtora de filmes em Nova York para ingressar na BellSouth em Atlanta, Geórgia. Nas empresas de alta tecnologia como a BellSouth, os funcionários têm que aprender os jargões e a linguagem da área antes de começarem a utilizar todo seu potencial. Isso faz com que seja extremamente importante dominar a nomenclatura mais comum da companhia o mais rápido possível. DePreta considerou particularmente útil fazer listas de acrônimos difíceis, como TDMA (*time-division multiple access* – "acesso múltiplo à divisão do tempo"). Ao chegar à sua casa no

Um aprendizado para toda a vida

Em *Eleven Lessons in Self-Leadership* (Onze lições de autoliderança), Larry Holman, fundador e presidente da WYNCOM, sediada em Lexington, Kentucky, apresenta as seguintes dicas para que você aumente sua eficiência mental, tanto no emprego quanto fora dele:

1. Amplie seu vocabulário aprendendo pelo menos uma palavra nova por dia.
2. Freqüente programas de desenvolvimento pessoal.
3. Transforme seu carro em uma "universidade sobre rodas" ouvindo fitas motivacionais e educativas no percurso para o trabalho.
4. Elabore listas de idéias voltadas para o crescimento pessoal. Reveja-as regularmente e verifique seu progresso.
5. Faça testes de avaliação do comportamento para determinar suas qualidades e seus pontos fracos.
6. Ingresse em associações profissionais ou de classe e torne-se um membro ativo.
7. Ofereça-se como voluntário para organizações comunitárias ou de caridade. Procure conhecer bem as pessoas com quem você trabalha e a quem presta ajuda.
8. Escolha uma pessoa bem-sucedida no trabalho e peça-lhe que seja seu mentor.
9. Estimule as equipes de aprendizado no local de trabalho e participe delas.
10. Permaneça em contato com o seu lado espiritual.

final do dia, ele estudava as listas. Primeiro, decorava os acrônimos e, em seguida, lia manuais e revistas técnicas para aprender os significados dos termos. Seu esforço valeu a pena: "Tive boas notas até agora. E isso aconteceu porque, em vez de ler revistas comuns, leio boletins eletrônicos. Não me dei ao luxo de ter um período de adaptação."

Em muitas empresas, as promoções e o desenvolvimento profissional estão diretamente vinculados à formação acadêmica e ao aprendizado do funcionário. Quando a companhia Omnicare de serviços farmacêuticos, sediada em Cincinnati, Ohio, criou duas posições de gerente de vendas com atuação nacional, Ron Welty estava confiante de que um dos cargos seria seu. No entanto, como muitos de nós já aprendemos, não existe nada certo, nem na vida, nem nos negócios. A direção da Omnicare decidiu procurar os candidatos fora da empresa. Quando Welty perguntou ao seu supervisor por que estava sendo preterido na promoção, este lhe disse que a companhia queria gerentes com um MBA. "Eles buscavam uma pessoa com um diploma para satisfazer Wall Street", diz ele. "Fiquei chocado." No entanto, em vez de desistir, Welty chegou à conclusão de que, para ter esperança de progredir, ele teria que melhorar suas habilidades e qualificações. Assim, tomou a iniciativa de conversar longamente com o supervisor e analisar sua capacidade e suas metas a longo prazo. Como resultado, verificou que jamais seria o principal vice-presidente da Omnicare se não tivesse aquele diploma. Em vez de se submeter àquela penosa experiência, na qual não estava nem um pouco interessado, ele decidiu agir por conta própria e foi trabalhar na Sparagowski & Associates, uma pequena empresa de pesquisa de mercado na periferia de Toledo, Ohio. Um ano depois, Welty estava ganhando duas vezes mais do que na Omnicare.

> **"O homem não acaba quando é derrotado; ele acaba quando desiste."**
>
> RICHARD M. NIXON

Durante quase cinco anos, Bert Minor, de Carleton Place, Ontário, trabalhou para a companhia IKEA, sediada na Suécia, a maior empresa varejista de móveis do mundo. Ele re-

Comprometa-se com o aprendizado

- Aprenda com os erros.
- Pergunte aos outros como teriam lidado com uma situação que não deu certo.
- Fique atento a maneiras de aumentar o seu valor na empresa.
- Não espere que as oportunidades de aprendizado caiam no seu colo; procure ativamente por elas.
- Aprenda algo novo todos os dias conversando com os colegas a respeito do trabalho deles e de como o que eles fazem se relaciona com as suas atribuições.

corda que uma funcionária oferecia um desafio particular para a gerência. "Muitos dos meus colaboradores não a consideravam adequada à função que desempenhava. Ela xingava e ficava aborrecida sempre que acreditava que um cliente estava se aproveitando da empresa. Claro que suas explosões sempre ocorriam nos bastidores. Isso acontecia várias vezes por dia, e muitos dos seus colegas achavam que ela se sentiria melhor em outro departamento. Eu discordava, pois sabia do seu potencial e costumava dizer-lhe isso. Costumava ouvi-la conversando com os clientes tanto pessoalmente quanto por telefone, e ela era sempre muito agradável. Na minha opinião, se ela pudesse começar a entender o papel que desempenhava a partir da perspectiva da empresa e dos clientes, seria a melhor defensora que eles poderiam ter naquele departamento.

"Após algum tempo, fui obrigado a conversar com essa funcionária. Disse-lhe que, se uma das suas explosões nos bastidores fosse presenciada por um cliente, ela seria demitida. Também expliquei que eu estava ciente de que ela estava na posição certa... que sabia que havia dentro dela um 'guru do serviço ao cliente' esperando para vir à tona. Ela precisava somente desem-

DEFININDO O TRABALHO DA SUA CARREIRA

Muitas pessoas vão de um emprego para outro sem pensar muito sobre sua carreira. Na verdade, quase todo mundo gasta mais tempo e faz mais esforço programando as férias do que planejando a carreira de toda uma vida. Conheça algumas diretrizes:

- Pense no que você gosta de fazer. Uma das melhores maneiras de começar a pensar na sua carreira é examinar as atividades que você mais aprecia. Seja específico. Não basta dizer que você quer "trabalhar com pessoas", visto que mais de 90% das ocupações necessariamente envolvem essa situação. Quando você fica mais feliz? Mais realizado? Mais animado? Esses são os indicadores que podem ajudá-lo a identificar o trabalho da sua vida. Mesmo que você não seja o melhor em algo que goste de fazer, é bastante provável que você melhore à medida que desenvolve a atividade.
- O que as outras pessoas dizem que você sabe fazer bem? O feedback do seu supervisor, dos colegas de trabalho ou até mesmo dos amigos pode ser inestimável; essas opiniões o ajudarão a ver-se sob o ponto de vista dos outros. Não descarte as habilidades e os atributos fáceis para você! Eles podem indicar talentos naturais que você poderá explorar em seu benefício.
- Concentre-se em desenvolver seus interesses e suas habilidades. Procure encontrar um ambiente de trabalho que o apóie e favoreça o que você gosta de fazer, possibilitando-lhe usar suas habilidades naturais. Muitas pessoas despendem tempo e energia lutando contra circunstâncias de trabalho que detestam em vez de desenvolver suas habilidades naturais e interesses. Se você é bom em alguma coisa, você tem a chance de ser ótimo nessa atividade, basta que se concentre nela.

penhar um pouco mais o seu papel. Consegui convencê-la a ler alguns livros e artigos da minha biblioteca de apoio."

Esse foi o início de uma completa transformação da colaboradora. Depois de ler os trabalhos de especialistas em negócios,

DEZ EXCELENTES MANEIRAS DE APRENDER NO TRABALHO

1. Acompanhe um dia de trabalho de um colega para obter informações sobre as atribuições dele.

2. Acompanhe um profissional de vendas nas visitas e telefonemas a clientes.

3. Participe de uma reunião da gerência.

4. Procure conhecer as pessoas da alta administração e ofereça-se para fazer tarefas para elas.

5. Compareça a um seminário sobre um novo tema.

6. Forme um relacionamento com um mentor.

7. Substitua um colega em uma reunião de funcionários.

8. Ofereça-se para fazer parte de uma equipe.

9. Mostre-se disponível para realizar tarefas que ampliem suas habilidades.

10. Aumente gradualmente o âmbito das atividades que lhe são atribuídas.

como Peter Drucker, Tom Peters, Lisa Ford, T. Scott Gross e Ann Petit, a funcionária começou a mudar progressivamente de atitude com relação ao seu trabalho. Compreendeu que apenas uma percentagem muito pequena dos clientes da IKEA aproveita-se de certas situações. Passou a examinar os problemas sob o ponto de vista dos clientes e a ouvir as considerações e os pedidos deles de uma maneira imparcial.

Minor diz o seguinte: "Depois de alguns meses, ela aproximou-se de mim e disse: 'Sabe, ler aqueles livros fez com que eu finalmente entendesse o que você vem dizendo o tempo todo. Obrigada. Poderíamos ter uma reunião um dia desses, depois do trabalho, para falarmos a respeito do serviço ao cliente e de outros assuntos importantes?' Respondi que, se ela conseguisse fazer com que algumas pessoas ficassem além do horário para uma reunião, eu pagaria pizza para todos e, definitivamente, estaria presente. Fiquei surpreso quando cerca de dez de seus colegas permaneceram além do horário em uma noite de domingo para que pudéssemos conversar. Acho que uma biblioteca de apoio é fundamental e toda empresa deve ter uma. Esses livros não apenas orientam os colaboradores como também nos revigoram quando começamos a questionar a nossa escolha profissional."

> **"A maneira de um jovem subir na vida é aperfeiçoar-se de todas as maneiras possíveis, jamais desconfiando de que alguém deseja prejudicá-lo."**
>
> Abraham Lincoln

Durante uma reunião sobre maneiras de melhorar o serviço ao cliente, novos colaboradores da Kentucky Housing Corp. (KHC) explicaram que não poderiam descrever adequadamente nenhum dos programas da empresa fora das suas respectivas áreas de responsabilidade. Esse também foi o posicionamento de vários funcionários experientes. No encontro, descobriu-se, ainda, que muitos profissionais, tanto os novos quanto os mais antigos, estavam tendo pouco ou nenhum contato com os executivos da empresa.

Em razão do grande e rápido crescimento dos programas e do pessoal, os funcionários precisavam receber mais informações e não somente as que se referiam a declarações da missão da empresa e à orientação sobre os benefícios básicos. Na busca por soluções, chegou-se ao consenso de que oferecer periodicamente um programa abrangente de orientação seria um sábio investimento para fazer com que cada colaborador entendesse melhor a companhia.

As sessões de orientação, que hoje duram tipicamente um dia e meio, são realizadas trimestralmente para um grupo de 20 a 25 funcionários, entre novos e experientes. Essa é a primeira oportunidade que alguns deles têm de participar de conversas

Os primeiros 60 dias no emprego

Quando começamos a trabalhar em uma nova empresa, os primeiros 60 dias são críticos para que mostremos a nossa competência ao empregador. Linda Seale, diretora do Seale Group, uma firma de treinamento de executivos sediada em Nova York, sugere a seguinte programação para esse período:

- Primeiros 14 dias: procure travar conhecimento com 4 pessoas. Segundo Seale, provavelmente 95% das demissões ocorrem porque o colaborador deixou de se encaixar na cultura de uma empresa. Se as pessoas não o conhecerem, elas não poderão confiar em você. Reserve dois dias por semana para almoçar com pessoas importantes na organização.
- Primeiros 30 dias: tenha um encontro "como estou me saindo?" com seu supervisor. Não pressuponha que ele sabe o que você está fazendo. Seale diz que não é atribuição do supervisor perguntar em que você está trabalhando e como estão indo as coisas. Cabe a você procurá-lo.
- Primeiros 45 dias: escreva as atribuições do seu cargo. Depois de mais ou menos um mês e meio na empresa, você já deve ter uma sólida idéia das suas responsabilidades. Em que elas diferem do que você foi levado a esperar? Anote as suas perguntas e analise-as com seu supervisor. O objetivo: criar uma descrição real das suas atribuições com a qual vocês dois concordem.
- Primeiros 60 dias: faça alguma coisa. Seale adverte contra montar às pressas uma programação com ações fáceis de entender. Embora você precise falar algo que revele seu potencial aos seus superiores, tome cuidado para escolher projetos que façam sentido.
- 60 dias seguintes: recomece. Fornecer feedback, receber feedback, descobrir seu lugar no escritório é um processo contínuo. Comprometa-se a estar trabalhando nessas ações bem depois de os seus 60 dias terem terminado.

com a gerência. O diretor executivo começa definindo o tom da sessão, apresentando a história e a filosofia da empresa; em seguida, os diretores e supervisores de cada departamento descrevem os programas que administram. No final do primeiro dia, é pedido a cada funcionário que escolha uma tarefa que ele terá que apresentar ao grupo na sessão de acompanhamento. Por exemplo, um colaborador do setor operacional poderá receber a incumbência de procurar uma pessoa do setor de seguros da KHC e informar-se das diretrizes básicas dessa área.

SEJA UM ETERNO APRENDIZ

1. Seja um eterno aprendiz. Você nunca saberá tudo o que é preciso saber a respeito da sua função. Determine-se a aprender algo novo todos os dias.

2. Pressione a sua zona de conforto. Por exemplo, você sempre teve medo de falar em público? Faça um curso nessa área.

3. Coloque-se durante algum tempo no lugar de outra pessoa. Veja que desafios seus clientes e colegas precisam enfrentar e aprenda com eles. Use o aprendizado como uma base para melhorar sua receptividade às necessidades deles.

4. Livre-se dos seus antigos paradigmas. Contemple o seu trabalho sob uma nova perspectiva. O que uma pessoa de fora pensaria a respeito da maneira como você faz o seu trabalho? Existe um modo melhor de executá-lo?

5. Seja flexível. Recuse-se a deixar que sua mente se feche para novas idéias e maneiras de fazer negócios. Escute o que os outros têm a dizer, realmente ouça, e aprenda com a experiência deles.

Como desenvolver habilidades no trabalho

Embora muitas companhias gastem anualmente milhões de dólares em programas formais de treinamento para os funcionários, a maioria deles ainda aprende no emprego grande parte do que sabe ao observar os outros e executar tarefas. Como diz o velho ditado: "Diga-me e eu esqueço; mostre-me e eu me lembro; envolva-me e eu entendo." A chave para desenvolver habilidades no trabalho é aproveitar todas as oportunidades possíveis de aprender uma nova. No que se refere a aumentar suas aptidões, não seja tímido. Identifique as habilidades de que você precisa e mostre-se determinado a adquiri-las. Tanto você quanto sua empresa serão beneficiados com o resultado dos seus esforços.

Joellyn Willis, auditora interna da Square D em Palatine, Illinois, nunca se recusava a usar seu conhecimento para ajudar outros gerentes que precisassem do seu auxílio. O mínimo que se pode dizer é que essa atitude a tornou muito popular entre os co-

Desenvolva suas habilidades

- Identifique problemas e necessidades no seu departamento.
- Ajuste suas habilidades a esses problemas e necessidades.
- Ofereça-se para participar de projetos e equipes.
- Procure aconselhamento.
- Entre em contato com outros departamentos e empresas.

legas. "Pediam-me que auxiliasse as fábricas com os projetos, mesmo quando não havia auditorias." Foi justamente essa disposição de ajudar, aliada ao seu talento e elevado desempenho, que lhe garantiu a promoção a vice-presidente de operações. Willis aconselha aqueles que desejam seguir seus passos a não negligenciar o cargo que ocupam enquanto saem em busca do seguinte. Na sua opinião, algumas pessoas ficam tão ocupadas procurando o que vem depois que não completam suas tarefas. "Quem tem a reputação de concluir o que faz é bem mais procurado do que aquele que recebe a fama de só ter conceitos e filosofias." Ela também orienta os colegas a evitar ser identificados com um papel específico. Quando Willis teve a oportunidade de assumir a posição de controller, recusou-se a aceitar. No entanto, voltou atrás após ouvir de um mentor que, nessa função, ela teria muito mais condições de presenciar todos os tipos de transações financeiras. De fato, essa decisão exerceu um enorme impacto nas suas opções futuras na carreira. "Foi assim que comecei a ser conhecida pelos principais executivos da companhia."

Stelle Slootmaker trabalhava como revisora de provas de uma pequena firma de desenho e impressão de anúncios. Quando o dono lhe pediu que fizesse a revisão de provas de outros tra-

Cinco maneiras de melhorar suas habilidades

1. Elabore uma relação das suas habilidades e identifique áreas de fraqueza; crie planos para lidar com elas.
2. Ofereça-se para executar tarefas fora das suas atribuições habituais.
3. Faça muitas perguntas.
4. Procure um mentor e desenvolva um relacionamento com ele.
5. Solicite oportunidades de fazer um treinamento cruzado com seus colegas, tanto dentro quanto fora do seu departamento.

balhos, ela concordou. Da mesma forma, Slootmaker aceitou quando ele lhe perguntou se ela poderia atuar como recepcionista enquanto fazia a revisão das provas. Mais uma vez, ela respondeu afirmativamente quando o dono quis saber se ela poderia redigir um folheto.

A carreira de escritora de Slootmaker teve início. Ela nunca tinha redigido um folheto; na verdade, nunca havia escrito profissionalmente, a não ser alguns artigos para um boletim de um antigo empregador. Ela nem mesmo sabia como ligar um computador. Uma resposta mais sincera talvez tivesse sido "Vou tentar" ou "Acho que sim". No entanto, Slootmaker sabia que se desse uma resposta insegura a tarefa não lhe seria confiada. E aquele pedido não surgira do nada; ela vinha plantando sementes, mencionando ocasionalmente quanto gostaria de escrever.

Sua abordagem "diga sempre sim" funcionou repetidas vezes. Slootmaker disse sim a boletins informativos, anúncios de jornal e cartazes. Ela aceitou com toda a segurança revisar tratados técnicos e reescrever relatórios de empresas, sempre aprendendo enquanto seguia em frente. Responder afirmativamente quando lhe perguntaram se ela queria escrever a matéria de capa de uma revista local fez deslanchar sua carreira de freelancer. "Lembro-me de ter escorregado uma vez e ter dito 'Acho que posso'. Não consegui o trabalho", diz Slootmaker.

Quando a indústria de computadores pessoais ainda estava engatinhando e empresas como a Apple Computer acabavam de se mudar da garagem dos seus fundadores para escritórios de verdade, um número pequeno de pessoas contratadas tinha mais do que uma experiência limitada dessa tecnologia. Imagine por um momento como Susan Crocker, uma ex-voluntária do Peace Corps, de 54 anos, deve ter se sentido quando, no primeiro dia de trabalho na Apple Computer, encontrou um

MANIFESTANDO-SE SOBRE AS OPORTUNIDADES QUE LHE INTERESSAM

A maioria dos colaboradores não toma a iniciativa de deixar claro para seu gerente quais as oportunidades de aprender e crescer que mais lhes interessam no trabalho. Quanto melhor você for em exprimir seus objetivos de aprendizado, mais chances terá de alcançá-los.

Oportunidades no trabalho atual. A maior parte do desenvolvimento ocorre no emprego, ou seja, na posição que você ocupa. Deixe claro quais os tipos de tarefas que lhe interessam e, o que é ainda melhor, ofereça-se para encargos que satisfaçam aos seus critérios de desenvolvimento. Que incumbências você poderia assumir para o seu gerente? Tome a iniciativa de sugerir projetos que possam melhorar o seu trabalho e ajudá-lo a aprender enquanto os executa. Por exemplo, oferecer-se para escolher um software que torne parte da sua atividade mais eficiente lhe dá a chance de aprender o uso de diferentes programas, bem como de identificar as decisões que entram no processo de seleção.

Oportunidades na empresa. Mostre-se aberto a encargos especiais, forças-tarefas multifuncionais ou oportunidades de trabalhar com outros grupos na empresa. Você pode até mesmo ajudar a criar essas oportunidades baseando-se nas chances que surgirem. Discuta caminhos profissionais que estão abertos para você, se perceber que eles não estão claramente visíveis nas atribuições da sua função. Ofereça-se para ser o elemento de ligação com outros departamentos, visando à solução de problemas comuns ou à melhoria da comunicação entre as áreas.

Oportunidades formais de aprendizado. Deixe claro que habilidades você gostaria de desenvolver seja no próprio trabalho, seja através de treinamentos oferecidos pela empresa, como os que se realizam por meio de computador, cursos e seminários. Explore oportunidades externas de treinamento em faculdades e outras instituições educacionais da sua área. Peça autorização para ingressar em uma ou mais associações profissionais ou compareça a uma conferência.

computador pessoal Apple II esperando por ela em sua mesa. Usar um computador era uma experiência completamente nova

CULTIVANDO UM MENTOR

Quase todas as pessoas podem usar um treinador profissional na carreira, alguém com quem possam aprender, aconselhar-se ou que seja capaz de ajudá-las a verificar a eficácia de seus planos e estratégias. Essa pessoa freqüentemente é chamada de mentor. Ela é tipicamente mais velha e já está em um ponto adiantado da carreira. O mentor não está na sua linha direta de comando, embora possa trabalhar na sua empresa. Conheça algumas maneiras de encontrá-lo.

- **Procure alguém que você respeite.** Quando trabalhar com outras pessoas na companhia, fique atento àquelas que ocupam posições superiores à sua e que tenham reputação e interações positivas.
- **Procure aconselhar-se com mentores em potencial.** Solicite reuniões com profissionais que você admira, para obter uma opinião a respeito de uma idéia ou proposta que você tenha. Se um deles se mostrar receptivo às suas perguntas, expanda a conversa e peça conselhos sobre sua carreira, ambições e planos. Pergunte à pessoa que lhe parecer mais aberta se ela estaria disposta a atuar como seu mentor na área profissional.
- **Programe reuniões periódicas.** Depois de escolher um mentor, faça planos para entrar em contato com ele pelo menos uma vez a cada três meses, para conversar sobre o andamento das coisas, fazer perguntas ou expor preocupações que você tenha sobre seu trabalho e sua carreira e receber outros conselhos que ele possa oferecer-lhe.

para ela. Sua primeira tarefa foi documentar o ciclo de vida do produto Apple II. Só havia um problema: ela não tinha a menor idéia do que era um ciclo de vida do produto.

Crocker recorda: "Conversávamos a respeito de P&D, fabricação, marketing, e eu simplesmente não estava familiarizada com esses setores." Cinco meses depois, ela assumiu um papel no planejamento estratégico para o marketing do Mac e do Apple II. Após a conclusão do projeto, Crocker aproveitou a oportunidade de tornar-se gerente do departamento de comunicações de marketing. "Foi um deslocamento lateral e não uma promoção, mas era uma chance de aprender algo novo e a agarrei." Poucos meses depois, ela foi escolhida para administrar as comunicações corporativas de toda a companhia.

Auditoria das qualificações

1. Avalie a sua função atual. Que habilidades você poderia aprender para melhorar seu desempenho? Que qualificações você poderia adquirir para tornar-se apto a progredir na empresa?
2. Desenvolva um plano de ação. Associe as necessidades de qualificação às oportunidades de treinamento, tanto dentro quanto fora da sua organização. Programe o treinamento de que você precisa.
3. Apresente o seu plano à gerência. Tome medidas para que seu supervisor fique ciente das suas necessidades de treinamento e para que ele trabalhe ao seu lado na obtenção de seus objetivos.
4. Reserve um período para o treinamento. Não o considere um fardo, e sim uma chance de adquirir novas habilidades e expandir suas oportunidades.
5. Examine o horizonte. Seu plano deve ser dinâmico e não estático. Mantenha-se atualizado sobre as mudanças relacionadas com a sua posição, com a tecnologia e com o seu ambiente de trabalho, modificando o plano sempre que necessário para satisfazer futuras necessidades.

Superando obstáculos

Toda empresa possui um conjunto particular de limites e restrições. Em alguns casos, esses obstáculos assumem a forma de políticas ou procedimentos da companhia. Em outros, eles são representados por pessoas que sentem mais orgulho em reprimir a iniciativa do que em promovê-la. E, às vezes, levamos nossa bagagem emocional para o ambiente de trabalho. Seja qual for a origem dos obstáculos, praticamente todos eles podem ser superados quando se está disposto a ser persistente. Na vida, você pode escolher seguir seu sonho ou deixar que os outros o façam viver os sonhos *deles*. Cabe a você a decisão de superar as dificuldades no caminho ou permitir que elas o impeçam de progredir. Lembre-se das seguintes palavras: "Se tiver que ser, começa comigo." A escolha é sua. Que caminho você vai escolher?

Todos enfrentamos obstáculos no trabalho. Alguns são fáceis de vencer, mas outros podem parecer intransponíveis. Brenda Lauderback, presidente do Nine West Group, com sede

A adversidade constrói o caráter

- Persiga o seu sonho e não o de outra pessoa.
- Questione os limites e as restrições.
- Pergunte: "Se fosse possível..."
- Disperse a energia negativa.
- Experimente um projeto piloto para verificar onde você está pisando.

em White Plains, no estado de Nova York, descreve como venceu dificuldades quase insuperáveis enquanto galgava a escada do sucesso empresarial.

"Aprendi uma lição muito valiosa no início da carreira. Eu acabara de me tornar compradora em uma loja de roupas esportivas femininas, o que era uma das minhas principais metas. Certo dia, um senhor muito gentil, dono de uma empresa com a qual eu fazia negócios, cumprimentou-me, de um mo-

ENCARANDO OS DESAFIOS COMO OPORTUNIDADES

Qualquer problema, crise ou erro no trabalho encerra uma chance de aprendizado e desenvolvimento. As pessoas que são capazes de identificar as oportunidades na adversidade são as que têm mais chances de aprender e crescer no trabalho e vencer na empresa.

Enfrente os problemas quando eles surgirem. Adquira a reputação de ser uma pessoa que "assume o controle" nos períodos de adversidade. Ofereça-se para explorar as causas dos problemas à medida que eles surgirem e descobrir soluções para corrigi-los. Pesquise o problema. Disponha-se a presidir uma força-tarefa, faça entrevistas ou crie grupos para estudar a questão. Coordene a identificação de possíveis soluções, a análise da melhor delas e a implementação da preferida.

Relacione os aspectos positivos de qualquer situação negativa. Toda situação negativa possui elementos positivos; seja, então, a pessoa que chama atenção para o que há de favorável naquele contexto. Você descobriu o problema em vez de um cliente? O problema teria sido pior se não tivesse sido detectado tão rápido? O que você pode aprender ao lidar com a situação que seja útil para ajudar a evitar uma ocorrência negativa semelhante no futuro?

Evite as pessoas negativas. As pessoas que são cronicamente negativas ou cépticas podem exaurir a sua energia, além de alimentar a sua negatividade. Não se torne vítima das atitudes daqueles à sua volta que nunca vêem o lado positivo de uma situação. Evite essas pessoas ou mude de assunto quando tiver a impressão de que elas estão reclamando por reclamar.

do paternal, pela minha promoção, mostrando-se surpreso por alguém jovem como eu estar ocupando aquela posição. Começamos a conversar e revelei a minha mais importante meta profissional naquela época: ser vice-presidente e gerente geral de mercadorias da empresa em que eu trabalhava. Ele olhou para mim e disse: 'Talvez você não devesse querer voar tão alto, pois provavelmente ficará decepcionada. Na história da sua companhia, nunca houve um judeu nem uma mulher, muito menos uma negra, que chegasse à vice-presidência. Respondi: 'As coisas vão mudar com o tempo e eu serei a primeira.' Ele só estava querendo ajudar, mas aprendi que não importa a intenção da pessoa, nunca deixe ninguém estabelecer limites para você. As únicas limitações que você tem estão na sua mente."

Lauderback continuou a subir e foi a primeira mulher, a mais jovem e a primeira pessoa afro-americana a tornar-se vice-presidente e gerente geral de mercadorias do Nine West.

Dicas para superar obstáculos na empresa

- Aprenda a ouvir.
- Informe-se sobre o histórico da sua área.
- Descubra o poder da rede informal.
- Seja sensível aos procedimentos.
- Mantenha a atitude e a perspectiva corretas.
- Use todo o potencial dos seus recursos.

É fácil considerar negativos os obstáculos no trabalho, encará-los como problemas que temos que resolver para encontrar a felicidade no emprego. No entanto, se mudarmos nosso modo de ver os fatos e olharmos para as dificuldades sob um ângulo levemente diferente, perceberemos que quase sempre elas são oportunidades disfarçadas.

No caso de Kathy Harless, presidente da GTE Airfone, a companhia de Oak Brook, Illinois, que fornece serviços de telefonia em aviões, trens e em outros ambientes incomuns, o processo de superar obstáculos no trabalho proporcionou-lhe uma oportunidade decisiva de crescimento profissional. Segundo Harless, isso ocorreu em 1991, quando a convidaram a desenvolver um modelo de reengenharia de processo destina-

EQUILIBRANDO O TRABALHO E A FAMÍLIA

Pergunte a qualquer pessoa o que é mais importante, o trabalho ou a família, e a resposta invariavelmente será um voto retumbante para a família. No entanto, o trabalho também é fundamental para nós, de modo que todos temos que encontrar um equilíbrio entre a vida profissional e a familiar. Não é fácil fazer isso, mas o sentimento de harmonia é indispensável para você, seu parceiro e seus filhos.

Veja o que você pode fazer para garantir que sua vida profissional não se sobreponha à sua vida em família.

1. Estabeleça prioridades e dê um jeito de incluí-las na sua programação. Se sua função encerrar muitas exigências, ela poderá facilmente consumir a maior parte das horas que você passa acordado durante a semana e até nos fins de semana. Supere esse problema definindo metas domésticas e pessoais, incluindo-as na sua programação. Elas podem variar entre um passeio ao jardim zoológico, uma partida de damas e uma visita a um parente. É bem mais provável que a atividade aconteça se for planejada do que se for deixada ao acaso ou à mercê da memória.

2. Arranje tempo para fortalecer os vínculos quando estiver com a família. Trabalhar em regime de horário integral e cuidar dos múltiplos detalhes envolvidos na administração da casa faz com que sobre pouco do precioso tempo necessário para que você fortaleça os vínculos com seus filhos e seu parceiro. Além disso, se suas responsabilidades no trabalho exigirem que você viaje, haverá ainda menos oportunidades de estar com essas pessoas que você tanto ama. Isso significa que lhe será necessá-

do a melhorar a eficiência do Centro de Contatos da GTE. É para esse centro que os clientes ligam quando querem solicitar a instalação de telefones ou modificações nos serviços. Em muito pouco tempo, ficou claro para ela e sua equipe que o projeto era bem maior e mais complicado do que haviam pensado. Além da função de contato com o cliente, todo o processo precisava ser redefinido.

rio fazer com que o tempo que vocês passam juntos seja importante. Se possível, evite trabalhar até tarde ou passar os fins de semana no escritório. Reserve esses períodos para que você e sua família divirtam-se juntos. Vá a um cinema, visite um museu ou faça uma viagem curta até uma montanha ou uma praia. Se você tem a tendência de deixar-se dominar pelo trabalho, reserve dias especiais para estar em casa, como as datas comemorativas e os feriados escolares, ou, então, bloqueie essas páginas da sua agenda para garantir que elas serão respeitadas.

3. Construa uma rede de apoio. Quando o marido e a mulher trabalham, as programações e as responsabilidades podem facilmente entrar em conflito. Nessa situação, é especialmente importante que ambos cuidem das necessidades dos filhos. Levar as crianças para a escola, preparar o jantar delas e ler histórias na hora em que vão para a cama *não* são atividades exclusivas de um único sexo! Nas ocasiões em que o trabalho realmente monopolizar sua atenção, forme um grupo de amigos e parentes que possam proporcionar-lhe discernimento e equilíbrio e, de vez em quando, ajudar a cuidar das crianças. Você também pode aprender com o seu grupo de apoio como as outras pessoas lidam com as exigências conflitantes do trabalho e da família.

Desse modo, embora seja fácil deixar que a vida profissional determine a sua vida social e em família, as coisas não precisam ser necessariamente assim. Dedicar algum tempo ao planejamento das prioridades do trabalho e do lar ajudará a fortalecer, em vez de debilitar, seus relacionamentos familiares. Invista nesse esforço: você talvez venha a descobrir que é uma daquelas pessoas de sorte capazes de conciliar a vida profissional com a familiar.

Uma única equipe se expandiu em várias, e quase todas eram chefiadas por gerentes do sexo masculino. Após meses fazendo reuniões, coletando informações, observando todos os aspectos do processo e examinando o que havia de melhor em outras empresas do ramo, eles projetaram uma maneira completamente nova de administrar o contato com o cliente. Tudo parecia magnífico, mas quem ia dizer ao supervisor que as coisas não eram tão espetaculares quanto ele e muitos outros pensavam? Alguém precisava informá-lo de que ainda havia espaço para muitas melhoras. Também seria necessário convencê-lo a adotar uma mudança que envolveria um investimento de milhões de dólares.

Harless agarrou avidamente a oportunidade de ser a mensageira. "O fato é que eu queria ser o veículo. Minha equipe havia realizado um grande trabalho, eu acreditava para valer no que estávamos propondo e queria ter a oportunidade de vender a nossa idéia para o figurão, o presidente de todas as operações telefônicas da GTE. Ele não gostou do que estava escutando. No entanto, ouviu as apresentações da minha equipe e as das outras; todas sugeriram soluções radicais, dispendiosas, porém necessárias, e, no fim, ele aprovou os projetos."

Alguns meses depois, a diretoria da GTE aprovou o gasto de mais de um bilhão de dólares para tornar aqueles planos realidade. "Aquele momento revelou-se um ponto de definição na minha carreira. Quando fiz a apresentação, eu era uma vice-presidente adjunta. Seis meses depois, tornei-me a primeira mulher a chegar à vice-presidência na história da GTE Telephone Operations."

É difícil imaginar hoje em dia uma época em que as mulheres não tinham permissão para participar, como membros habilitados, da Bolsa de Valores de Nova York. Foi preciso o árduo trabalho de pioneiras, como Muriel Siebert e outras mulheres determinadas, para derrubar os muros que as refreavam.

Siebert recorda a luta que teve que travar para conseguir uma cadeira na Bolsa. "Fui criada acreditando que os Estados Unidos eram a terra da prosperidade. Sempre achei que as mulheres estavam incluídas. Quando comecei a crescer na profissão e passei a enfrentar um número cada vez maior de desafios, descobri, porém, que esse não era o caso em Wall Street. Para participar da maior parte das atividades comerciais, era óbvio que eu precisava de algo além da sociedade em uma pequena firma da Wall Street. Teria que comprar uma cadeira na Bolsa. Nove dos dez primeiros homens a quem pedi que patrocinassem meu ingresso recusaram-se a me atender. Depois, a Bolsa impôs uma nova condição: eu necessitaria da carta de um banco declarando que me emprestaria 300 mil dos 445 mil dólares (na época quase um recorde), referentes ao preço da cadeira. Os bancos disseram que não forneceriam a carta enquanto a Bolsa não concordasse em me aceitar. Foi um jogo de empurra. Levei muitos meses para conseguir o dinheiro e os patrocinadores adequados. No dia 28 de dezembro de 1967, tornei-me, finalmente, membro da Bolsa. Eram 1.365 homens e eu. E durante dez anos essa proporção não se modificou."

Até algumas décadas atrás, o público-alvo dos fabricantes de cosméticos eram as pessoas brancas, o que fazia com que as pessoas de pele negra tivessem que criar sozinhas seus próprios produtos. Flori Roberts, fundadora da Flori Roberts Cosmetics, uma divisão da Johnson Products em Chicago, Illinois, mudou tudo isso. Sua pequena idéia com grandes possibilidades fez um sucesso absoluto e criou um nicho totalmente novo no mercado. No entanto, não foi fácil começar o próprio negócio e enfrentar as grandes empresas de cosméticos. Havia muitas barreiras, e seu sucesso em momento nenhum esteve garantido.

Conheça a história de Roberts em suas próprias palavras: "Lembro-me precisamente do dia que mudou minha vida para sempre. Eu estava produzindo um show de moda e ouvi modelos negros conversando a respeito da frustração que sentiam por terem que misturar e combinar cosméticos fabricados para as tonalidades de pele das pessoas brancas. Não conseguia acreditar que a poderosa e sofisticada indústria de cosméticos nunca tivesse prestado atenção nesse segmento da população. Compreendi que eu tinha tropeçado em um problema que ninguém jamais havia tentado resolver e, naquele momento, decidi criar cosméticos que se adequassem aos tons da pele negra."

Para realizar esse sonho, Roberts e seu marido fundaram a Flori Roberts e entraram para um mercado de cerca de 26 milhões de pessoas. Roberts prossegue: "Quando os clientes fizeram fila para comprar os produtos, os donos das lojas passaram a acreditar neles. O segundo momento decisivo na minha carreira ocorreu no início da década de 1980, quando os médicos me disseram que eu estava com um câncer profundo de pele. Em decorrência da cirurgia a que me submeti para removê-lo, fiquei com cicatrizes bastante perceptíveis no nariz. Nenhuma maquiagem, inclusive a que eu fabricava, era capaz de escondê-las. Logo percebi que muitas pessoas enfrentam o mesmo dilema quando a maquiagem comum desaparece e as cicatrizes e as marcas de nascença se tornam visíveis. Essa constatação inspirou-me a criar uma nova linha de produtos destinados a esconder imperfeições em todas as tonalidades de pele."

Nancy Sanders Peterson tornou-se presidente e diretora executiva de uma fábrica internacional de ferramentas em virtude da morte trágica do marido, John Peterson, cinco semanas depois de ele ter sabido que estava com câncer. "No enterro, ao olhar para meus seis filhos e para a família de todos os funcionários de John, compreendi que não apenas precisava fazer o que ele dissera e assumir o negócio como também tinha a responsabilidade de fazer com que o empreendimento desse certo, independentemente das circunstâncias."

Por seis meses, ela ocultou a morte de John dos clientes, pois acreditava que eles não se sentiriam seguros usando ferramentas fabricadas sob a direção de uma dona-de-casa sem experiência. "Herdei um quadro de colaboradores disciplinados, altamente profissionais e leais. Trabalhamos em equipe, cumprindo cronogramas e reduzindo o tempo de entrega. Depois de seis meses, com os pedidos sendo entregues de acordo com as especificações, fui visitar os clientes, agradecendo-lhes por trabalharem conosco. Nessa ocasião, eu já tinha provado que era competente."

Sob a direção de Nancy, o número de funcionários da empresa passou de 24 para 125. As vendas anuais aumentaram, a companhia diversificou sua clientela e conquistou o mercado internacional. Nancy diz ter aprendido que, no mundo dos negócios, o risco e a oportunidade caminham juntos. "Se acreditamos em nós mesmos e não temos medo de correr riscos calculados, podemos criar maravilhosas oportunidades."

ESTRATÉGIAS PARA TOMAR A INICIATIVA

1. Desmembre grandes tarefas em partes menores. É muito mais fácil atingir várias metas pequenas do que um grande objetivo.

2. Acredite em si mesmo. Os outros não podem dar-lhe limites se você não deixar que eles façam isso.

3. Seja positivo. A postura correta representa 90% da solução.

4. Habitue-se a superar obstáculos. Quanto mais dificuldades você vence, mais estímulo obtém para avançar.

5. Reveja as lições que aprendeu. Avalie como superou um obstáculo e como poderia se sair melhor da próxima vez.

As opções da carreira

A idéia tradicional de carreira, ou seja, uma função ou uma série de funções estreitamente relacionadas que exercemos durante toda a nossa vida profissional, sofreu uma importante mudança a partir da década de 1990. Hoje em dia, a carreira gira em torno de opções. Mais do que nunca, os profissionais estão descobrindo a atividade dos seus sonhos trabalhando em casa com um computador ligado à rede da empresa, compartilhando o cargo, exercendo múltiplas profissões e começando o próprio negócio. O trabalho está se tornando cada vez mais um estado de espírito do que um lugar físico. Com o advento dos computadores, telefones celulares, aparelhos de fax e outros avanços tecnológicos, não há motivo para que você não possa seguir a profissão que deseja quando e onde você queira. Considere as seguintes histórias de pessoas que exploraram suas oportunidades profissionais. Quem sabe, em breve você não estará se juntando a elas?

Não existem limites

- Defina opções para seu trabalho ideal.
- Busque em outras empresas pessoas que possam servir-lhe de exemplo; procure encontrar alguém que esteja fazendo o que você quer fazer.
- Proponha sua alternativa profissional à gerência.
- Tenha um plano alternativo.
- Se inicialmente você for desestimulado, persista e reveja suas possibilidades.

Quando um programador jovem e idealista da IBM chamado Jay Elliot ouviu Tom Watson Jr., o poderoso presidente da companhia, declarar diante da Comissão de Relações Exteriores do Senado que o esforço de guerra americano no Vietnã era administrado de modo insatisfatório, ele se sentiu impelido a reagir. Escreveu a Watson uma carta que dizia em parte: "Se o senhor acha que o Vietnã está sendo mal administrado, o que tem a dizer a respeito da nossa empresa?" A carta era acompanhada por 20 páginas de detalhadas sugestões para a melhoria da companhia que abordavam cada setor da gigantesca organização. Duas semanas depois, Watson convidou Elliot para tomar um café com ele. No entanto, em vez de despedir o colaborador, Watson disse-lhe que estava impressionado com o fato de ele ter tido coragem de escrever a carta e de ter tido o trabalho de fazer tantas sugestões esclarecedoras. Elliot foi imediatamente enviado para a sede da empresa em Armonk, no estado de Nova York, para conversar com a equipe de planejamento empresarial e começar uma carreira totalmente nova dentro da IBM. Enquanto trabalhou na empresa, Elliot teve uma vida extremamente agradável, deixando todos os colegas para trás enquanto ascendia profissionalmente.

O diretor de assuntos governamentais e comunitários da sede do BankBoston em Boston, Massachusetts, Grady Hedgespeth, estava preocupado porque os bancos de investimento daquela região não conseguiam atender eficazmente às comunidades de média e baixa renda. Para tratar desse problema, ele propôs a formação do First Community Bank, redigiu um documento estratégico e submeteu-o à alta direção da empresa.

A administração não somente aprovou a idéia como criou a BankBoston Development Company e convidou Hedgespeth para a presidência. A organização planejava despejar mais de

100 milhões de dólares em comunidades-alvo em cinco estados no seu primeiro ano de existência, sob a forma de empréstimos para moradias de baixo custo, de financiamentos tradicionais e de investimentos através da participação em pequenas empresas. Hedgespeth diz o seguinte: "Foi um poderoso mecanismo para o crescimento econômico. Em poucas palavras, uma tentativa de levar o nosso conhecimento especializado a comunidades que talvez não tenham se beneficiado completamente dele antes."

Ellen Peckler tornou-se uma refém da rotina na época em que atuava como assistente administrativa de dois gerentes da divisão Hewitt Investment Group (HIG), da Hewitt Associates LLC, em Lincolnshire, Illinois. Ela queria ter mais responsabilidade e ansiava por uma função criativa, pois passava grande parte do tempo digitando estatísticas. Ao mesmo tempo, o moral do grupo estava baixo e os colaboradores sentiam-se desligados da gerência e uns dos outros. Seus supervisores, John Allen e

Estratégias profissionais eficazes

Em *The Top 10 Career Strategies* (As dez melhores estratégias para a carreira), Gary Joseph Grappo explica seu plano para o sucesso:

1. Atualize sua atitude.
2. Descubra futuras áreas de crescimento.
3. Desenvolva habilidades adequadas.
4. Aprenda a vender a si mesmo como uma empresa vende um produto.
5. Forme uma rede de relacionamentos.
6. Mude freqüentemente de emprego.
7. Aja como um empreiteiro independente.
8. Pense no interesse do seu país.
9. Atue internacionalmente.
10. Comece seu próprio negócio.

PROCURE CONSTANTEMENTE SEU NOVO TRABALHO

Existe um ditado que diz que a hora de começar a procurar um novo trabalho é o dia em que você começa no atual. Essa atitude o mantém ativo e evita que você se torne excessivamente confiante na posição que acabou de assumir. Ao permanecer constantemente atento a novas oportunidades, tanto dentro quanto fora da empresa, você se mantém no controle do seu futuro. Identificar ofertas de trabalho que você poderia conseguir o ajuda a aumentar a sua confiança, mesmo que você permaneça na ocupação atual. As alternativas sempre lhe conferem liberdade, mesmo que você não as utilize.

Examine o potencial de ascensão profissional que sua função atual lhe proporciona. Outras pessoas que ocuparam seu cargo foram promovidas ou deixaram a empresa? Quanto tempo elas permaneceram na posição? Embora não se trate de um método inteiramente seguro, observar o que aconteceu com seus predecessores oferece uma perspectiva útil sobre o que provavelmente ocorrerá com sua carreira.

Determine habilidades de que você vai precisar para vencer. Verifique que habilidades e qualificações são necessárias para que você atinja seus objetivos profissionais. Ponha-se em campo para obter o maior número possível delas no seu cargo atual, chegando inclusive a torná-las parte das responsabilidades da sua função.

Aproveite ao máximo a sua posição atual. As coisas mudam. Você nunca poderá saber quanto tempo permanecerá no cargo atual, de modo que deve fazer o possível para tirar o máximo proveito dele. Aprenda os procedimentos e habilidades necessários à sua área de atuação, estabeleça contatos em toda a empresa e determine se o tipo de trabalho e ramo de atividade estão de acordo com o que você é e com o que você deseja fazer de sua vida.

Gautam Dhingra, desafiaram-na a encontrar uma solução para os dois problemas. Eles a nomearam coordenadora de relações entre os funcionários e disseram-lhe que "mandasse brasa". Veja o que ela fez:

- Entrevistou individualmente os colaboradores, fazendo-lhes perguntas como "Que outros interesses você tem que gostaria de ver incorporados à sua função?" e "O que você gostaria de dizer anonimamente à gerência?".
- Organizou uma reunião com os cinco gerentes da empresa para discutir os problemas detectados nas entrevistas e tentar descobrir maneiras de melhorar a comunicação com os colaboradores. Com os canais de comunicação abertos, ela precisava de uma maneira de unir a HIG e incorporar um pouco de humor, o que era extremamente necessário. A iniciativa foi tomada e Peckler criou um boletim mensal chamado *Primeira Sexta-Feira*. O primeiro número incluiu resultados de uma pesquisa sobre a realização no trabalho. No segundo número, foi publicada uma entrevista com o diretor da empresa na qual ele respondia a algumas perguntas difíceis sobre a administração do grupo.
- Depois que seu gerente lhe pediu que publicasse o *Primeira Sexta-Feira* em âmbito nacional, sua iniciativa voltou a manifestar-se. Peckler enviou formulários biográficos para todos os colaboradores com perguntas a respeito da cidade natal, apelidos, particularidades e outros assuntos. Em seguida, ela digitou as respostas e distribuiu o folheto *Elenco de Personagens* para cada colaborador antes do envio do boletim seguinte. Essa atitude melhorou a comunicação e o moral dos funcionários.
- Então, ela procurou os gerentes com uma nova idéia: lembrar o aniversário dos colaboradores. Para isso, criou cartões que seriam enviados para os funcionários no dia que completassem aniversários com a HIG. Os colaboradores exibem orgulhosos os cartões de aniversário nos computadores e nas prateleiras de livros, e Peckler tem a satisfação de ser criativa ao mesmo tempo que ajuda os colegas.

> **"Quanto mais idéias você gerar, maiores as chances de obter uma solução de alta qualidade."**
>
> DR. ARTHUR VANGUNDY, Autor de *Idea Power* (O poder da idéia)

Quando Cindy Casselman aceitou um cargo na área de comunicações empresariais da Xerox em Stamford, Connecticut, encontrou um trabalho talhado para ela. Na época, em vez de saber das novidades da companhia através de fontes internas, a maioria dos 85 mil funcionários descobria o que estava acontecendo lendo os jornais. Casselman determinou-se a mudar aquilo. "Os colaboradores nos diziam que desejavam informações relevantes e honestas, e que chegassem no momento oportuno. Eles queriam a verdade, sem que ela fosse deturpada pela empresa, em relação à posição deles e à da companhia."

Ela definiu um pequeno orçamento e reuniu uma equipe de funcionários voluntários, apelidada de "operação secreta aprovada", para pôr sua idéia em prática. Hoje, todos lêem as últimas notícias sobre a empresa e discutem assuntos relevantes no Web-

SIMPLIFICANDO A SUA VIDA

Tomar a iniciativa às vezes significa fazer mudanças que tornarão mais agradável a sua vida dentro e fora do escritório. Veja as seis dicas oferecidas pela guru da simplicidade Elaine St. James, autora de *Simplifique sua vida: 100 maneiras de eliminar o estresse*.

1. Peça demissão de qualquer empresa cujas reuniões o deixem apreensivo.

2. Aprenda a viver com menos informações. Pare de assistir ao noticiário da televisão. Cancele metade das suas assinaturas de revistas.

3. Trabalhe onde você mora ou more onde você trabalha.

4. Vá dormir às 9 horas da noite uma vez por semana.

5. Viva com metade do que você ganha e poupe a outra metade.

6. Pergunte o tempo todo: "Isto vai simplificar a minha vida?"

Mudanças na carreira

No livro *Carreira de sucesso: como administrar e garantir o emprego em tempos difíceis*, Caela Farren apresenta o "portfólio da capacidade", um modelo para qualquer pessoa que queira explorar suas opções profissionais:

- Captar a direção das tendências e necessidades na sociedade, na tecnologia e na indústria.
- Antever novos nichos, produtos ou serviços que satisfaçam essas necessidades.
- Propor opções e soluções realistas.
- Analisar os benefícios para empresas, indústrias, clientes e para o resultado final.
- Defender sua causa com realizações anteriores, competência e experiência na função.
- Alavancar sua reputação na profissão, no ramo de negócios e na empresa.
- Empenhar seus serviços de acordo com a remuneração que você deseja, as condições do seu contrato de trabalho e as necessidades ambientais.

Board, o site da companhia na intranet. Como resultado, os colaboradores comunicam-se melhor, estão mais ligados e com o moral mais alto. Além disso, o sucesso do WebBoard garantiu a promoção de Casselman a gerente de pesquisas e tecnologia empresarial. "A criação desse site melhorou o meu perfil e demonstrou que eu era capaz de levar até o fim um projeto ambicioso e formar os relacionamentos necessários para apoiá-lo. Essa iniciativa definitivamente me ajudou a conquistar meu novo cargo."

Se você não tomar as decisões relacionadas com a sua carreira, pode ter certeza de que alguém as tomará em seu lugar.

> **"A ascensão profissional é semelhante ao marketing; seu objetivo é posicionar-se como a solução ideal para uma necessidade da empresa."**
>
> J. PAUL COSTELLO, Presidente da Costello, Erdlen & Company

No entanto, você é a única pessoa que sabe exatamente o que é melhor para sua vida. Tawny Halbert trabalhava na equipe que criou a atração Dante's Peak no Parque Temático de Hollywood, da Universal Studios. Quando sua participação terminou, ela viu-se diante de uma decisão: deveria trabalhar na exibição de *Terminator 2*, que com certeza seria um sucesso, ou participar de um projeto bem menos atraente, o do restaurante? Embora cada um deles encerrasse aspectos positivos e negativos, ela acabou optando pelo restaurante: o projeto era de apenas um ano, enquanto a exibição de *Terminator 2* seria concluída em três anos, o que lhe proporcionaria muito mais flexibilidade. Halbert diz o seguinte: "Prefiro os projetos mais curtos. Estar no local e lidar com pessoas é bem mais gratificante do que ficar sentada em uma sala trabalhando com papéis. Além disso, as atividades de menor duração nos deixam livres para outras oportunidades. É

Planejando uma mudança?

Você está pensando em se mudar para outro lugar? Pense nos seguintes fatores antes de tomar uma decisão sobre aonde deve ir:

1. O tamanho da comunidade e o acesso a escolas, a lojas, ao local de trabalho e a outros pontos essenciais.
2. A qualidade de vida.
3. A personalidade dos moradores em geral.
4. As condições meteorológicas.
5. As oportunidades de trabalho.
6. Eventos e espaços culturais.
7. A disponibilidade de moradia agradável e a um preço acessível.

difícil participar de um projeto de três anos e ver passar uma porção de chances."

OPORTUNIDADE ILIMITADA

1. Assuma o controle da sua carreira. Em última análise, é você quem decide que trabalho vai executar e que posições vai aceitar.

2. Escute seu coração. Faça o que *você* quer fazer e não o que *os outros* querem que você faça.

3. Trabalhe naquilo de que você gosta. Se você se dedicar a uma atividade que lhe proporciona mais satisfação e significado pessoal, tudo o mais dará certo.

4. Não limite suas escolhas. Realize e aprenda tarefas que ofereçam mais opções para o futuro da sua carreira e não aquelas que têm pouco a acrescentar nesse sentido.

5. Planeje. Elaborar um plano para alcançar os objetivos da sua carreira aumentará enormemente as chances que você tem de realizá-los.

BOM O BASTANTE NÃO É BOM O BASTANTE

Meu filho, cuidado com o "bom o bastante",
Porque ele não é feito de um material de qualidade;
É algo que qualquer pessoa pode fazer,
E distingue os muitos dos poucos.

"Bom o bastante" não possui nenhum mérito,
É algo que qualquer um pode comprar,
Seu nome é apenas uma imitação e um blefe,
Pois ele nunca é "bom o bastante".
A falha que poderá deixar de ser vista
E temporariamente se ajeitar
Enfraquecerá debaixo da tensão
E destruirá o navio, o carro ou o avião.

Com "bom o bastante" os malandros param
Em cada fábrica e oficina;
Com "bom o bastante" os fracassados descansam
E perdem para aqueles que dão o melhor de si.

Com "bom o bastante" navios foram destruídos,
A marcha dos exércitos interrompida,
Grandes prédios queimados e fortunas perdidas;
Tampouco pode o mundo calcular o custo
Que pagou em vidas e em dinheiro
Porque alguém permaneceu em "bom o bastante".
Quem pára em "bom o bastante" descobrirá
Que o sucesso o deixou bem para trás.

Isso é verdade para você e para as coisas
Somente o melhor é "bom o bastante".

(Edgar A. Guest)

Informações sobre os próximos lançamentos

Para receber informações sobre os lançamentos da EDITORA SEXTANTE, basta cadastrar-se diretamente no site www.sextante.com.br

Para saber mais sobre nossos títulos e autores, e enviar seus comentários sobre este livro, visite o nosso site www.sextante.com.br ou mande um e-mail para atendimento@esextante.com.br

EDITORA SEXTANTE
Rua Voluntários da Pátria, 45 / 1.404 – Botafogo
Rio de Janeiro – RJ – 22270-000 – Brasil
Telefone (21) 2286-9944 – Fax (21) 2286-9244
E-mail: atendimento@esextante.com.br